汉语言专业本科系列教材·读写类
SERIES OF CHINESE TEXTBOOKS FOR COLLEGE STUDENTS · READING AND WRITING

"十二五"国家重点出版物出版规划项目

ERYA CHINESE

ELEMENTARY CHINESE: WRITING COURSE

初级汉语写作教程

宋长宏 编著

北京语言大学出版社
BEIJING LANGUAGE AND CULTURE
UNIVERSITY PRESS

© 2017 北京语言大学出版社，社图号 16176

图书在版编目（CIP）数据

初级汉语写作教程 / 宋长宏编著． —— 北京 ：北京语言大学出版社，2017.2（2024.10重印）
（尔雅中文）
ISBN 978-7-5619-4619-0

Ⅰ．①初… Ⅱ．①宋… Ⅲ．①汉语－写作－对外汉语教学－教材 Ⅳ．①H195.4

中国版本图书馆 CIP 数据核字（2016）第 308387 号

尔雅中文　初级汉语写作教程
ERYA ZHONGWEN CHUJI HANYU XIEZUO JIAOCHENG

排版制作：	北京光大印艺文化发展有限公司
责任印制：	邝　天

编辑委员会
主　任　张　健
副主任　唐琪佳　陈维昌
秘　书　史　健
各序列负责人（按姓氏音序排列）
　　　陈维昌　付彦白　唐琪佳　王　轩

出版发行：	北京语言大学出版社
社　　址：	北京市海淀区学院路 15 号，100083
网　　址：	www.blcup.com
电子信箱：	service@blcup.com
电　话：	编辑部　　8610-82303647/3592/3395
	国内发行　8610-82303650/3591/3648
	海外发行　8610-82303365/3080/3668
	北语书店　8610-82303653
	网购咨询　8610-82303908
印　　刷：	北京市金木堂数码科技有限公司
版　　次：	2017 年 2 月第 1 版　　**印　次：** 2024 年 10 月第 4 次印刷
开　　本：	889 毫米 × 1194 毫米　1/16　　**印　张：** 15
字　　数：	249 千字
定　　价：	68.00 元

PRINTED IN CHINA
凡有印装质量问题，本社负责调换。售后QQ号 1367565611，电话 010-82303590

总　序

　　《尔雅中文——汉语言专业本科系列教材》（以下简称《尔雅中文》）是面向以汉语作为第二语言的学习者的汉语言专业本科学历教育教材，是继上世纪90年代至本世纪初出版的《对外汉语本科系列教材》之后推出的新一代大型系列教材。

　　近年来，国际职场对复合型汉语人才的需求猛增，对专业建设、教学改革、课程建设以及教材编写都提出了新的要求。我们顺应这一发展趋势，将汉语言专业的人才培养目标由以往单纯强调语言技能的"汉语专门型人才"调整为目前的具备"语言＋专业"复合能力的"汉语通用型人才"，在汉语言专业陆续增设一些新的方向，凸显出汉语言专业课程体系的时代特色。但是，我们充分认识到，对于汉语言专业的学生而言，核心问题仍是如何更有利于自身语言能力的提高，特别是语言交际能力、认知能力、跨文化交流能力等综合性、复合型能力的提升。因此，虽在语言技能、语言知识课程外增设了较为系统的历史文化、国情社会、经济商务等方向课程，但是，这些课程不是仅用来灌输知识的，而是为更好地扩展语言能力而服务，以语言能力培养为核心的理念并未改变。

　　《尔雅中文》教材体系与专业课程体系紧密相连，包含了横向和纵向两个序列：横向上，在不断完善语言技能、语言知识、文化系列教材的基础上，增设了较为系统的商务、翻译、教学等专业方向的专业语言技能和专业知识教材；纵向上，建立起更为缜密的综合课与听、说、读、写、译各分技能课的一至四年级的梯度等级，平衡了一般技能课跟各序列的专业技能课、知识课的比例。横向与纵向协调发展，形成了汉语言专业本科大型教材的网状系统，最大程度地体现出专业教学的系统性、关联性、层级性和针对性，也为以汉语言专业为依托、面向汉语作为第二语言学习者的本科专业群的建设奠定了坚实的基础。《尔雅中文》教材相对应的课程序列与梯度等级如图所示：

课程序列与梯度等级示意图

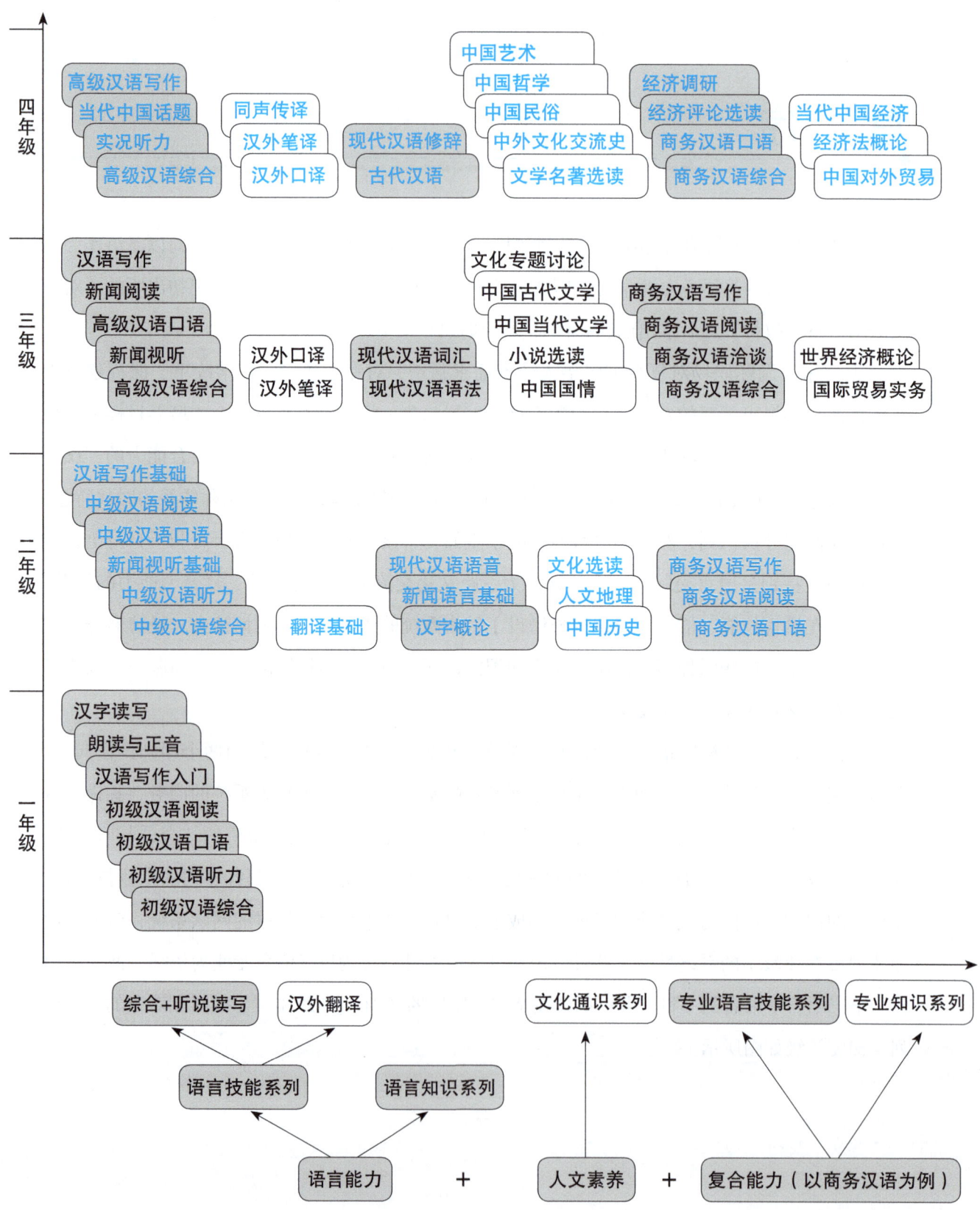

《尔雅中文》系列教材在继承上一代《对外汉语本科系列教材》长处的同时，更加贴近现实社会需要和学习者的需求，也融入了近些年汉语言专业课程建设与教学改革的多方面成果，从而呈现出崭新的面貌，形成了自己的特点。概括起来有以下四点：

一、总体设计更具系统性和前瞻性，最大程度地反映出专业人才培养的新目标

语言技能、语言知识、文化知识、专业语言技能、专业知识五大板块既相互关联，又各自独立。语言技能课程贯穿始终，凸显以养成语言能力为主的专业发展理念；文化知识序列不断丰富，体现出对汉语国际教育本质的全面认识，自觉地将提升人文素质、培养全面发展的人作为汉语言专业本科教育的最终目标。专业技能和知识课程在中高级阶段逐步增加，循序渐进，实现由初级的"语言技能＋语言知识"基础能力向中高级的"语言＋专业"综合能力的自然过渡。同时，各专业方向的教材都具有自身特色，自成体系，体现了统一中的多样性，也体现了专业人才培养模式向厚基础、宽口径、复合型的转变。

二、语言技能序列的设计更具延展性，结构更加合理

作为面向汉语作为第二语言学习者的汉语言专业本科系列教材，由汉语综合技能与以"听、说、读、写"分立形成的各分技能训练无疑是其主干部分。这套教材的设计与编写，不仅填补了中高级阶段"听、说、读、写"分技能教材的诸多空白，而且增强"译"这一重要的技能，形成了"听、说、读、写、译"各自独立并相互关联的完整的分技能序列。与此同时，初、中、高各教学阶段逐层递进，且横向延伸，使得语言技能教材序列更加协调和完整。由于汉语综合课以及听、说、读、写、译各技能课都自成体系，具备面向初、中、高三个阶段、四个年级的多层级和覆盖面广的特点，因此，教材的使用范围、对象就不限于本科学历教育，而是对各种层次和需求的中文学习者都具有不同程度的适用性，可以各取所需。

三、强化以学习者为中心的教材编写意识，跨文化视角更加突出

编写者大都为多年从事汉语作为第二语言教学工作的资深教师，基本上都具有海外汉语教学的经历，对不同课型的教学原则和实践策略有着较为深入的了解和体会，对大量的同类汉语教材的编写理念以及教学法、跨文化交际理论等做过前期研究。从教师规划学习内容、层级、知识点，到编排教材中的练习及设计课堂活动，尽量从学生学习的视角和跨文化的视角去安排、镕裁，换言之，更加重视教材编排跟教学过程、习得过程与效果的关联程度，使语言及文化、商务的教材内容丰富而生动，以提高学生主动学习的兴趣以及课堂活动的参与度。

四、通过调查统计、大纲设计和试用试验等环节，使教材编写有章可循，科学实用

新一代汉语言专业本科系列教材的编写工作启动于2007年，首先对原有教材、国内外市场同类教材的使用情况进行调研。编写者均为相应课型的任课教师，且大多参与过上一代教材的编写工作，对任务轻重和努力方向都有较深的体会。同时，组织资深的教学研究专家以及语言、文化、商务、翻译等领域专家，与教材编写小组共同研讨，确立各部教材的基调，审阅推敲文稿，斟酌取舍。教材编写过程较长，各位作者付出了大量心血，已

编成的教材提交出版前大多试用过几个学期，对象涉及来自世界上80多个国家和地区的上千名留学生，每学期试用后，教师都会汇总情况，分析研究，做出适当的修订、更新。

大纲是教材编写的重要前提，并贯彻于整个编写过程。教材与大纲处于动态关系之中，大纲统摄教材，但并非一成不变，教材编写促使大纲趋于完善。本系列教材主要参照《高等学校外国留学生汉语言专业教学大纲》（2002）和《HSK考试大纲（1-6级）》（2015），同时参酌各类语言大纲、框架、标准、词表、调查报告等研究成果，其中的各个序列、各部教材都按照自身性质与类型，研制了便于操作的词汇、语法、功能及话题大纲，既自成一体，又相互照应。对此，各部教材都有自己的编写前言，会做更详细的说明。大纲编订与教材编写相辅相成，教材一面世，大纲也随即推出，如商务汉语方向的教材编写者同时研制出版了《经贸汉语本科教学词汇大纲》（2012），文化大纲的编订也与教材编写协调配合，这些使得教材编写的科学性和内在系统性得以保障。

根据不同的课程性质和专业方向，《尔雅中文》系列教材划分为四大序列：汉语言技能与知识；汉外翻译；文化通识；商务汉语。翻译往往被视为一种语言技能，原本可归入语言技能与知识序列，但鉴于翻译能力是一种复合能力，翻译类课程及教材在一至四年级自成一统，翻译综合课、口译课、笔译课等体系完备，且涉及多个国别，所以这里单列出来。

北京语言大学面向留学生开办汉语言专业的本科学历教育，始于上世纪70年代末，其成长过程历史地见证了中国改革开放以来汉语国际教育的发展。历经几代人的辛勤努力，2008年9月，汉语言专业被批准为国家级高等学校特色专业，2010年7月，汉语言专业教学团队被评为国家级教学团队。这套教材的大部分编著者均出自这一专业团队。汉语言专业的每一步改革与创新，都离不开北语几代对外汉语教育工作者的关心与鼓励，离不开学校领导及海内外专家的大力支持。这里要特别感谢北京语言大学副校长戚德祥、北京语言大学出版社董事长兼总编辑张健和各位责任编辑，这套教材历经数年终于得以问世，跟他们的严谨态度、耐心督促和细致工作密不可分，而教材得以入选新闻出版总署"十二五"国家重点出版物出版规划项目，正是教材编写规划团队与编辑出版团队精诚合作的结果。

系列教材取名"尔雅"，众所周知，《尔雅》是中国古代汇集分类专门词语以供人学习的经典，这里取其字面义，"尔"通"迩"，"尔雅"指趋于雅正、得体。语言学习不可一蹴而就，而是一个不断接近目标语和目标文化的累积过程，或许正因如此，英国人威妥玛（Thomas Francis Wade）将其所编的汉语口语和书面语教材命名为《语言自迩集》和《文件自迩集》。我们编写新一代汉语言专业本科系列教材，同样是希望学生通过系统的学习，逐渐接近目标语言与文化，获得较强的跨文化交流能力，最终不仅要达到较高的汉语水平，而且要更加深入地了解中国社会政治经济和历史文化。

是为总序。

《尔雅中文》编写委员会

编写及使用说明

《初级汉语写作教程》是为初级汉语阶段的学习者及虽进入中级汉语阶段但并未学过汉语写作的留学生编写的一部教科书。本书编写体例主要包括四大部分，即写作题目、写作知识、写作例文和写作训练。

写作题目：写作题目部分主要是对该课写作题目进行简单分析。全书的写作题目以叙述类命题作文为主，在具体教学实践中可适当有一些非叙述类作文、非命题作文等。

写作知识：鉴于外国留学生学习汉语的特点和初级汉语写作的教学实际情况，本书不过多讲解写作知识及理论等，只介绍最基本的写作知识。

写作例文：写作例文多选自学生文章，以避免课堂讲解例文时，时间多花在阅读和解释词语上，也便于学生自学。例文在本书中更多的是为了举例说明而用，并非严格意义上的"范文"。教学时请向学生强调要按自己的方式写作，不要盲目模仿，切忌直接套用。

写作例文部分采用稿纸样式排版。

写作训练：写作训练分课上、课下两部分。练习设置紧密结合初级汉语写作教学，从学生写作实际出发。课上、课下练习的类型及内容，具有较强的针对性。特别是纠错类练习，均来自近年学生同题作文中常见的错误。做练习时要求学生重新抄写句子、段落或篇章，学生重抄过程中产生的新错误，教师批改时也应及时纠正。

写作训练部分采用稿纸样式排版。学生在做练习时一定要在稿纸上写。

学生作文写作，可根据教学时间安排，利用课上或课下时间进行，前半学期一般要求在80分钟内完成400字，后半学期一般要求在80分钟内完成500字，可根据具体情况以及学生水平适当增减字数或写作时间。

学生写作可使用活页稿纸，每篇作文一般要求写两稿。第一稿写完后交给教师，教师批改、简单讲评后发给学生，学生再将自己的文章修改一遍。第二稿作文教师仍需修改一遍。

写作训练这一环节，强调写作实践，侧重语言练习，不求文字华美，但求表达清楚，文从字顺，错误较少。

为使学生在学习过程中增加自信，有成就感，并能长久保存自己的文章，教材后面预留一些备用稿纸，学生作文的第一稿经教师批改后，可粘贴在备用稿纸相应位置，再让学生在备用稿纸上写第二稿，第二稿错误仍较多的，可要求其写第三稿。

课时安排建议： 每课四课时，前两课时从每课开头进行至写作训练第三题，后两课时从写作训练第四题到本课结束，可增加简单讲评，可增加本班本次写作中集中出现的偏误纠错等教师认为需要增补的内容。

《初级汉语写作教程》既是汉语初学者学习写作入门的教科书，也是一本注重写作实践的练习册。考虑到学完初级汉语写作课以后学生中存在继续选修或不再选修中、高级汉语写作课两种情况，因而在教材编写上既注意保持本书的相对独立性，同时也为中、高级汉语写作教材的编写及继续选修中、高级汉语写作课的学生学习留下广阔的空间。

编　者

目录

课前的话 / 001

第 1 课　自我介绍 / 003

　写作题目 / 003
　　自我介绍

　写作知识 / 003
　　一、汉语写作的一般格式
　　二、汉语书面语的标点符号

　写作例文 / 006
　　【例文一】自我介绍（［日本］三木优美）
　　【例文二】自我介绍（［俄罗斯］扎哈尔）
　　【例文三】自我介绍（［韩国］金字英）

　写作训练 / 009
　　一、书写格式纠错
　　二、文章格式纠错
　　三、同题作文写作
　　四、语言偏误纠错
　　五、作文修改

第 2 课　我的一天 / 019

　写作题目 / 019
　　我的一天

　写作知识 / 019
　　一、日记和日记的书写格式
　　二、标点符号用法之一：句号、逗号和顿号

　写作例文 / 022
　　【例文一】我的一天（日记）（［韩国］柳东完）
　　【例文二】我的一天（日记）（［韩国］崔振镐）
　　【例文三】我的一天（［瑞士］欧芳馨）

写作训练 / 025
    一、标点符号练习
    二、文章格式及标点符号纠错
    三、同题作文写作
    四、语言偏误纠错
    五、作文修改

第3课　初到中国 / 035

写作题目 / 035
    初到中国

写作知识 / 035
    一、怎样给文章分段
    二、标点符号用法之二：问号、感叹号

写作例文 / 038
    【例文一】初到中国（［日本］伊藤嘉奈子）
    【例文二】初到中国（［韩国］片智慧）
    【例文三】初到中国（［韩国］安祥镇）

写作训练 / 042
    一、标点符号练习
    二、文章段落练习
    三、同题作文写作
    四、语言偏误纠错
    五、作文修改

第4课　北京的春天 / 051

写作题目 / 051
    北京的春天

写作知识 / 051
    一、叙述与描写
    二、标点符号用法之三：书名号、括号

写作例文 / 053
　　【例文一】北京的春天（［泰国］刘慧悦）
　　【例文二】北京的春天（［越南］阮氏春香）
　　【例文三】北京的秋天（［哈萨克斯坦］可心）

写作训练 / 056
　　一、标点符号练习
　　二、叙述与描写练习
　　三、同题作文写作
　　四、语言偏误纠错
　　五、作文修改

第5课　奖学金申请表 / 065

写作题目 / 065
　　奖学金申请表

写作知识 / 065
　　一、书面语中"的""地""得"的用法
　　二、中文表格的填写

写作例文 / 068
　　【样表一】课程表
　　【样表二】1005班通讯录
　　【样表三】个人简历表
　　【样表四】北京语言大学本科生毕业论文开题报告记录表

写作训练 / 072
　　一、"的""地""得"写法练习
　　二、文章段落练习
　　三、表格填写练习
　　四、语言偏误纠错
　　五、作文修改

第6课　狼来了 / 093

写作题目 / 093
　　狼来了

写作知识 / 093
　　一、叙述的人称
　　二、叙述的顺序
　　三、标点符号用法之四：冒号、引号

写作例文 / 096
　　【故事原文一】马头琴
　　【例文一】马头琴的传说（［韩国］尹善英）
　　【故事原文二】三个和尚
　　【例文二】三个和尚（［印尼］林欣慰）

写作训练 / 102
　　一、标点符号练习
　　二、语句语段练习
　　三、听故事，写故事
　　四、语言偏误纠错
　　五、作文修改

第7课　父与子 / 111

写作题目 / 111
　　父与子

写作知识 / 111
　　一、想象与表达
　　二、标点符号用法之五：省略号、破折号、分号

写作例文 / 114
　　【例文一】最后一个苹果（［英国］韩娜）
　　【例文二】管教晚矣（［葡萄牙］苏珊娜）
　　【例文三】逃学（［蒙古国］娜仁）

写作训练 / 120
　　一、标点符号练习

二、叙述与描写练习
　　三、看图画，写故事
　　四、语言偏误纠错
　　五、作文修改

第 8 课　难忘的一件事 / 129

写作题目 / 129
　　难忘的一件事
写作知识 / 129
　　怎样写记事类文章
写作例文 / 130
　　【例文一】飞来的吻（［俄罗斯］李娜）
　　【例文二】一根白发（［韩国］金完珍）
　　【例文三】当一把明星（［法国］哈娜）
写作训练 / 133
　　一、叙述与描写练习
　　二、语句语段练习
　　三、记事类文章写作
　　四、语言偏误纠错
　　五、作文修改

第 9 课　我最爱的人 / 141

写作题目 / 141
　　我最爱的人
写作知识 / 141
　　怎样写记人类文章
写作例文 / 142
　　【例文一】我的好朋友（［巴基斯坦］穆巴沙）
　　【例文二】嫂子——我最敬爱的人（［韩国］郑昌昔）
　　【例文三】热心的中国大婶（［日本］宫胁一惠）

写作训练 / 147
 一、标点符号练习
 二、叙述与描写练习
 三、记人类文章写作
 四、语言偏误纠错
 五、作文修改

第10课　一封家书 / 155

写作题目 / 155
 一封家书
写作知识 / 156
 一、汉语书信写作的一般格式
 二、中文信封的写法
写作例文 / 160
 【例文一】给父母的一封信（［韩国］千高恩）
 【例文二】给亲人的一封信（［捷克］玛丽）
 【例文三】给朋友的一封信（［美国］史桂英）
写作训练 / 164
 一、标点符号练习
 二、书信格式纠错
 三、书信写作练习
 四、语言偏误纠错
 五、作文修改

备用稿纸 / 173

课 前 的 话

听、说、读、写、译是外语学习的五项基本技能。要学好一门外语，必须全面掌握这五项技能。学习汉语也是如此。这五项技能中，"写"主要是指写作。要想学好汉语，除了掌握其他几种技能外，还要学会用汉语写作。

汉语写作课的目的，就是要培养和提高学生的写作能力。

要想实现这一目的，没有捷径可走，只有不停地练习，不停地写作。写作，写作，再写作！要想上好写作课，也只有经常写作，反复练习，在写作实践中不断改正自己的语言错误，不断完善自己，这样才能逐步提高自己的汉语写作水平。

第 1 课　自我介绍

写作题目

本课的写作题目为《自我介绍》。

自我介绍，意思是"自己介绍自己"。作为留学生，在用汉语写这类文章时，可以介绍自己大概的情况，比如姓名、性别、年龄、国籍、出生地、家庭情况、性格、爱好、学习汉语的情况、留学中国的目的、将来的打算等。

初学汉语写作，还要注意汉语的写作习惯和写作格式、汉语书面语标点符号的使用等。

写作知识

一、汉语写作的一般格式

汉语写作经过多年的发展，形成了自己的习惯，有一套固定的格式。这种格式虽然很简单，但对于以汉语为第二语言的学习者来说，由于还没有形成习惯，所以经常会出现错误。这种错误甚至在高年级留学生的汉语写作中也常常存在。因此，我们从一开始学习写作时就应该注意，以后每次写作时都要留心，逐渐培养、形成一个好习惯。

汉语写作的一般格式是：

1. 标题居中

一篇完整的文章应该有题目。没有题目或不写题目，都是不对的。文章的题目应写在文章顶部的中间。从第一格就开始写标题看起来是不美的。

2. 每字一格

汉字书写一般要求每一个汉字占一个格，每一个格写一个汉字。把两个字写在一个格里，把一个字写在两个格里，都是不对的。

一般每个标点符号也占一格，引号、书名号、括号与其他点号连用合占一格，省略号与破折号占两格。不要把标点符号挤在字与字之间。

3. 字字连写

汉语文章要求字字连写，中间不断。有的留学生在写文章时喜欢在词与词之间空一格，这是不符合中文书写习惯的。当然，如果是用汉语拼音写的文章，是要求按词分写的。用汉字写文章，词与词之间、字与字之间都不能断。

4. 句句连写

汉语文章不但要求字字连写，而且要求句句连写。字与字之间不空格，句与句之间也不能空格。有人喜欢每写完一句话就空一个或两个格，这也是不对的。

5. 段落清楚

用汉语写文章时，应该注意分段写作。一篇文章不能不分段落，不能"一段到底"。应该按照自己所表达的内容进行分段写作，每段表达一个相对完整的意思。

6. 段首空两格

段落的标志是段首空两格。

分段写作时，每段第一行开始应该空两个格，第二行再顶格去写，以后各行一律顶格去写，直到本段结束。不能每一行都空两个格，也不能写一句话移一次行，好像写诗一样。

再写一段时，仍按上述格式要求。

以上所说的是汉语写作的一般格式。有些文体，还有特殊的要求，例如，书信就有自己特殊的格式要求。

关于汉语的写作习惯和写作格式，可参考本课及以后各课的写作例文。

二、汉语书面语的标点符号

用汉语写作时，要注意正确使用汉语的标点符号。

标点符号是书面语中用来表示停顿、语气以及标示词语特定性质和作用的符号，是书面语的有机组成部分。正确使用标点符号，对作者准确表达文意和读者正确理解文意，都具有重要意义。

汉语常用的标点符号主要有12种，即句号、逗号、顿号、分号、冒号、问号、感叹号、引号、省略号、破折号、书名号和括号。它们的名称、形式和大致用法如下：

1. **句号**　　。

表示陈述语气的句末停顿。

2. **逗号**　　，

表示句子内部的一般性停顿。

3. **顿号**　　、

表示句子内部并列词语之间的停顿。

4. **分号**　　；

表示复句内并列分句之间的停顿。

5. **冒号**　　：

表示提示性话语之后的停顿，用来提起下文。

6. **问号**　　？

表示疑问语气（包括反问、设问等疑问类型）的句末停顿。

7. **感叹号**　　！

表示感叹语气的句末停顿。

8. **引号**　　" "

标示行文中直接引用的内容，或需要特别指出的成分。

9. **省略号**　　……

标示行文中省略了的内容。

10. **破折号**　　——

标示行文中解释、说明的语句，或表示意思的递进，或表示话题的突然转变。

11. **书名号**　　《 》

标示行文中图书、文章、报刊、电影、歌曲、绘画等作品的名称。

12. **括号**　　（ ）

标示行文中注释、说明的内容。

下面有一首歌，名叫《标点符号歌》，歌中讲到了常见标点符号的用法。

标点符号歌

标点符号很重要,组成文章不可少。
该用哪种小符号,都要认真来思考。
意思未完用逗号,一句完了用句号。
喜怒哀乐感叹号,提出问题用问号。
并列词语用顿号,并列分句用分号。
提示下文用冒号,对话引用加引号。
书文名称要标明,前后加上书名号。
有些意思要省掉,可以加个省略号。
转折解释破折号,表示注释加括号。
标点符号用准确,文章清楚都称好。

(彭悦峰《标点符号歌》)

以上 12 种标点符号,是汉语书面语中经常使用的符号。这些符号的用法和写法,有的和西文标点符号一样,有的不一样。大家可以先尝试使用,以后各课还将分别讲述标点符号的具体用法。

写作例文

以下三篇例文,从格式方面来看,是基本正确的。留学生在用汉语写作的时候,从一开始就要养成按照汉语书写格式进行写作的良好习惯。

【例文一】

自我介绍

[日本] 三木优美

我是三木优美,日本人,今年二十一岁。

我来中国一年多了,现在却还上一年级。因为我经常迟到,所以不能参加上学期的期末考试。真不好意思。我今年的目标是改变自己,我想变成一个努力进取的人。

我有很多爱好:打网球,打排球,打羽毛球,看电视,看电影,看书,上网,唱卡拉OK,弹钢琴,下棋,做饭,等等。

我以前学习过一点儿书法,但是我汉字写得还不漂亮。我现在在中国学习,汉字是从中国来的,我觉得这是学习书法的绝好时机。中国有四五千年的历史,在这样有魅力的国家学习,我感到很幸运。

我现在在中国生活得很开心。我要更充实地生活。在学习方面,我现在还不够努力,所以我要努力学习。也请老师和同学们多多帮助,多多关照。

【例文二】

自我介绍

[俄罗斯] 扎哈尔

我叫扎哈尔,今年十八岁。我是俄罗斯人,在伊尔库斯克出生。

我十岁就来到了北京，跟父母一起在中国生活。我们全家都住在中国。我在北京住了八年，已经完全习惯了中国的生活。

　　我在俄罗斯大使馆的学校读完了高中。现在在北京语言大学上一年级。我弟弟今年十二岁，也在大使馆的学校学习。

　　我很喜欢动物。我家有一只狗，它已经四岁了。

　　我有很多爱好。我最喜欢打篮球，每天在首都体育大学训练三个小时。我的第二大爱好是音乐。我有自己的乐队，我弹吉他，唱歌。我的两个美国朋友，一个是乐队鼓手，另一个跟我一样也弹吉他。我们的乐队很快就要演出了。

　　我汉语口语挺好，可是写作不是很好，所以我决定上写作课，希望能学到很多有用的东西。

【例文三】

自我介绍

[韩国] 金宇英

　　我叫金宇英，金银的金，汉字的字，英语的英。我是韩国人，现在在北京语言大学学习汉语。

　　我是今年2月来北京的。我来北京以前在日本学习日语。

　　我自己觉得，我是个普通人，可是我的好朋友们都说"你是一个特别的人"。因为二十岁以后，我住在韩国的时间就很少了。来北京时，我决定在北京学完了汉语以后不再去外国生活了。

我家在益山，离首尔不远。家里一共四口人，还有一只狗。家里有爸爸、妈妈、弟弟和我。爸爸是一家小公司的领导，妈妈是家庭妇女，弟弟是大学生。我家的狗就像小弟弟一样，我们全家都很爱它。
　　我是一个很热心的人，爱朋友，爱狗，爱工作。如果我爱学习的话，那最好了。
　　我的爱好不是那么特别，跟朋友一起做饭，一起吃饭，一起聊天儿。我还要在北京待三年，我希望结识更多的朋友。

写作训练

一、书写格式纠错

改正下列句子的格式错误，并把正确的句子重新抄写一遍。

(1) 女马女马同意我到中国来。

(2) 我高兴木及了。

(3) 哥比我大两岁。

(4) 我们是女子月月友。

(5) 学校里面有很夕夕大树。

(6) 首都 机场 很 大。

(7) 我们 班 韩国人 很多。

(8) 我 在 日本 东京出生。

(9) 我 刚 来 中国 的 时候，一 句 汉语 也 不 会 说。

(10) 他 是我们班汉语 水平 最高的学生。

(11) 我叫金正明，今年十九岁。我是从韩国来的，我的家在韩国的首都——首尔。

(12) 爸爸是公司的职员。妈妈在家里，不工作。哥哥在军队当兵，姐姐在上大学。我在北京留学。

(13) 我的爱好是上网、看DVD，还喜欢踢足球。我上初中时，是学校足球队的队员。

(14) 我学汉语已经半年多了。我觉得汉语很难。听、说、读、写都很难，汉字最难。

(15) 我感到很寂寞，常常想家。我想家时就给妈妈打电话，不过电话费很贵。

二、文章格式纠错

下面这篇题目为《自我介绍》的文章格式有问题,请修改,并把正确的文章重新抄写一遍。

【有错误的文章】

自我介绍

我叫安智慧,韩国人,今年二十一岁。
我来北京已经快一年了。我以前在青岛和上海学过汉语,学了一年半。我很早就想来北京,这个愿望终于实现了。我每天生活很愉快,很高兴,已经习惯了这儿的生活。
我的爱好是写小说和听音乐。我很喜欢听古典音乐,也经常听现代音乐。我听音乐后心里有说不出的高兴。我对京剧很感兴趣,以后有机会的话我想学学。有时候我还写小说,每天睡觉前写,写完以后自己看,很有意思。
我来中国的目的是帮助爸爸工作。我爸爸现在在青岛工作,我希望赶快毕业帮助他。虽然汉语越学越难,但是我每天都很努力。有时候我很想念爸爸、妈妈和在韩国的朋友们,但是我很喜欢在中国学习,很喜欢我们班的同学和老师。
我希望以后能成功,所以要更加努力学习。我的名字是"智慧",是聪明的意思。所以应该很努力地学习。聪明加努力,一定会取得成功!

【修改后的文章】

三、同题作文写作

以《自我介绍》为题写一篇不少于 400 字的作文。请把作文写在活页作文纸上。

四、语言偏误纠错

1. 改正下列句子中的错字,并把句子重新抄写一遍。

(1) 我性李,叫李明哲。

(2) 刚来中国时,父母很但心我。

(3) 来中国一后,我才发现中国跟我想的不一样。

(4) 上小学时,我对中国文化产生了兴起。

(5) 我还不太习惯吃中国采。

(6) 我的第第也在中国留学。

(7) 我弟一次来北京时只玩儿了一个星期。

(8) 我喜欢踢足求,打篮求。

(9) 从周一到周五天天有课,周六、周日才体息。

(10) 刚来中国的时后,我除了"你好""再见"以外,什么都不会说。

2. 改病句,并把正确的句子重新抄写一遍。

(1) 我六个月在韩国学过汉语。

(2) 我对汉语很有感兴趣。

(3) 我打算在这里毕业大学。

(4) 我爸爸也会一点儿说汉语。

(5) 我的中文名字是我的汉语老师做的。

(6) 我有一个泰国人的朋友，他毕业后想当翻译人。

(7) 我叫谢必丽,我今年十七岁,我是从土库曼斯坦来的,我来中国已经六个月了。

(8) 我上课的时候,我发现我的同学汉语水平都比我高。

(9) 我喜欢看电视,还有看电影,还有上网,还有唱卡拉OK。

(10) 我来中国之前,我的爸爸、妈妈送我到机场,我说"再见"的时候,我哭了。

3. 选几个自己作文中出现的错字、病句，把它们改正过来，并写在下面的空白处。

五、作文修改

请把老师批改过的作文第一稿在书后的稿纸上重新修改、写作一遍，形成第二稿，并把第一稿粘贴在相应的位置。

第 2 课

我 的 一 天

写作题目

本课的写作题目为《我的一天》。

这一题目，是以自己的某一天生活为内容，可以写普通的一天，也可以写特别的一天，比如难忘的一天、快乐的一天、痛苦的一天、倒霉的一天……文章的内容不受限制，可自由写作，只要不"跑题"，内容与题目相符就可以。

对于刚刚学习汉语写作的留学生来说，可先写写自己普通的一天。平时也可以每天都写写自己的学习、生活等情况，养成写日记的好习惯，这对于提高汉语能力，尤其是汉语写作水平，都有重要的作用。

写作知识

一、日记和日记的书写格式

学习汉语写作，应该形成每天用汉语写日记的习惯。那么，什么是日记呢？每天把自己的主要生活经历记录下来，就是日记。

日记所记载的内容，主要包括自己一天的所作所为、所见所闻、所思所想、所感所言等，特别是跟自己有关的一些大事、有意义的事、有意思的事或者特殊的事，都应该及时记录下来。生活有时虽然很平淡，没有什么特别的事，但也要做一些简单的记录。

　　写日记的好处是可以记事，可以备忘，可以备查，还可以提高自己语言文字的运用能力。特别是对于把汉语作为外语的学习者来说，用汉语写日记，也是一种语言练习。因此，应该准备一个日记本，天天写日记，养成写日记的好习惯。

　　日记，顾名思义，就是一日一记。但如果因为某种原因而没有按时写日记，也可以在其他日子以回忆的方式写以前发生的事情。因此，日记主要写当天的事，也可以写以前的事。

　　日记的一般格式是：在每天或每篇日记的第一行写上月、日、星期和天气情况。

　　日记是写给自己看的，因此主要用第一人称——"我"。日记是自己跟自己说话，自己讲自己的事情，自己跟自己谈心，带有一定的私密性。写日记应该具有真情实感，自己的喜、怒、哀、乐、爱、恨等，都可通过写日记得到一种抒发或宣泄。日记是很有个性的一种写作样式，因此，写什么，怎么写，也是比较自由的。

二、标点符号用法之一：句号、逗号和顿号

（一）句号　。

　　句号表示一句话说完之后的停顿，多用于表示陈述语气的句末停顿。注意，句号的写法与西文不一样，西文是小圆点，中文是小圆圈。

　　例句：

　　1. 我在北京上大学。

　　2. 我在北京上大学的时候，住在学校外边。

　　3. 我姓李，叫李顺子，今年二十一岁。

　　4. 昨天晚上下雪了，所以今天早上很多同学迟到了。

　　5. 虽然汉语很难，但我一定坚持努力学习。

　　6. 是回国，还是在中国继续学习，我还没决定。

（二）逗号　，

　　表示句子内部的一般性停顿。中文的逗号与某些语言书面语的逗号样子不同，请注意区别。

　　例句：

　　1. 在我很小很小的时候，爸爸带我来过一次中国。

　　2. 每天晚上睡觉之前，我都给妈妈打个电话。

3. 北京的名胜古迹很多，不过我只参观过几个地方。

4. 我是1996年出生的，今年二十岁。

5. 我早上七点起床，八点出发去学校，八点半上课。

6. 你看，他是谁？

7. 看样子，他不会来了。

8. 请问，去火车站怎么走？

9. 是啊，这道题太难了！

关联词语之间的句子，用逗号连接。如：

因为……，所以……。

不但……，而且……。

虽然……，但是……。

又……，又……。

既……，又……。

表示列举，用逗号连接。如：

一方面……，另一方面……。

（三）顿号 、

顿号，表示句子内部并列词语之间的停顿。

例句：

1. 我们家有四口人：爸爸、妈妈、弟弟和我。

2. 我们班同学有韩国人、日本人、泰国人、法国人和美国人等，大家关系都很好。

3. 我去过北京、上海、西安、拉萨等许多地方，这些地方给我留下了深刻印象。

4. 今天我上了综合课、阅读课、听力课和写作课，一天学习八小时，简直累死了。

5. 长江、黄河、黑龙江、珠江是中国的四大河流。

顿号，这一标点符号是西文所没有的。在西文中，这一符号被用作逗号，所以要注意区别。而在其他一些语言的书面语中，虽然有这个符号，但相当于中文的逗号，用法与中文不同。

写作例文

下面的例文《我的一天》，前两篇为日记，后一篇是一般的叙述文章，请参考，并注意一下日记的写法和标点符号的用法。

【例文一】

       我的一天（日记）

              ［韩国］柳东完

    3月11日 星期五 阴

  今天星期五，明后天是周末。今天的课上完后就可以两天不上课，可以好好休息，好好玩儿了。

  我早上七点起床，八点从家里出发去学校，八点二十分到了学校。一进教室，我的朋友就告诉我，今天我们班有晚会。我不知道"晚会"是什么意思，朋友告诉我才知道。由于刚刚开学不长时间，现在的同学我多半不认识，他们也一样。所以，今天的晚会我一定要参加，跟同学们见见面。我觉得这样很好。

  下课以后，我在家做午饭，然后看了几个小时书，等待晚会的到来。

  六点我去五道口旁边的韩国饭馆，我们的晚会在这里开，这时已经来了很多同学。六点四十分左右我们班同学全部来了。我们先吃饭。吃饭时我们很少说话，因为我第一次跟大家一起吃饭，有点儿别扭。吃饭后我们喝酒，那时气氛很好。一边喝酒，一边聊天儿，互相介绍。有几个同学喝多了，就回家了。我还想喝酒，所以还要找别的地方。我们换了一个饭馆，在那儿也喝了很多，但是没有要回家的。大家喝得很高兴，聊得也很高兴。我们已经喝了很多酒，但是我们还不想回家呢！所以又去卡拉OK。我们班的同学都唱得非常好。

今天的晚会太好了！我们班同学一起吃饭，一起喝酒，一起唱歌，大家很快就熟悉了。刚来中国那种孤独、寂寞的感觉没有了。我真希望以后周末还有晚会或其他活动，这样我可以认识更多的朋友。

【例文二】

我的一天（日记）

［韩国］崔振镐

3月28日　　星期一　　晴

昨天是星期日。我七点起床，因为星期日有足球比赛。我和朋友们组成了一个足球队。球队有很多人，大家都是好朋友。昨天的比赛玩儿得真不错，但是我们队输了。

比赛完了以后我就回家了。回家以后我的女朋友给我吃的东西。我吃完以后就睡觉了。

我起床以后，看看表，已经晚上八点了。我看了看女朋友的脸，她说："今天你死了？"这话的意思我知道。她的意思是：今天是星期天，可是我睡了一天觉，什么也没做，所以她很生气。我说："对不起，从现在开始好好玩儿吧。"

从八点到十二点，我们一直在玩儿。去饭馆吃饭，去酒吧喝酒，然后又去卡拉OK。回家以后看电视，看

DVD，上网跟在韩国的家人、朋友聊天儿。

昨天一天我真是累死了。最近我每天差不多都是这样，所以每天都很累。但是从今天起我得开始好好学习，因为今年五月有HSK考试。我一定要努力学习，这样以后我才能取得好的成绩。我的目标是通过HSK六级。我希望自己每天都努力学习。

【例文三】

我的一天

［瑞士］欧芳馨

我每天早上七点起床。一起床就赶紧刷牙、洗脸。洗完后就吃早饭，我特别喜欢牛奶、咖啡、面包和水果。吃完早饭，有时间的话，我会复习复习课文，预习一下生词。

我的宿舍离学校比较近。八点十分从宿舍出发，八点半上课之前就到学校了。从八点半到十二点半，我一直在学校上课。上课时，我认真听老师讲课。最近汉语越学越难，但越学越有意思。一上午连续学习四个小时，虽然有点儿累，但我觉得对提高汉语水平挺有帮助的。

我十二点半下课。一下课就跟朋友一起去食堂吃饭。中午吃饭时，食堂里人特别多，学校周围的饭馆人也特别多。有时为了吃午饭，要找好几个地方。吃完午饭，我常常去图书馆读书或者做作业。有时候也会跟朋友一起散步、聊天儿。

下午两点我准时上课，四点下课。从四点到六点半，我去锻炼身体、跑步、打排球或游泳。七点多我跟朋友一起去食堂或饭馆吃晚饭。

　　吃完晚饭，我一般在宿舍学习、休息。我的同屋是泰国人，她非常认真，我们常常一起学习，有时候会学习到十一二点。学完以后，我就洗澡。洗完后，我听着音乐读书、看报纸，有时候上网看新闻、收发电邮，给家里写信或打电话。我一点多才睡觉，很快就能进入梦乡，做几个好梦。

　　我的一天虽然很紧张，但我觉得很有意思，也很快乐！

写作训练

一、标点符号练习

请给下面的句子加上合适的标点符号，并把句子重新抄写一遍。

　　(1) 她不但长得漂亮　而且学习很好　跟同学的关系也很好

　　(2) 妈妈很高兴　因为我在这里一切都很顺利

(3) 这个假期　我的爸爸　妈妈和弟弟一起来中国旅游了　顺便还来看看我

(4) 我星期一　星期三有六节课　星期二　星期四有四节课　星期五没有课

(5) 我去过很多国家　美国　法国　澳大利亚　日本　韩国等

(6) 我来中国学习汉语　一方面是父母的安排　另一方面是我自己的决定　因为我从小就很喜欢中国

(7) 天气很冷　可同学们都来上课了

(8) 我的书包丢了 钱包 护照 银行卡 照片都不见了

(9) 刚来中国那天 他帮我去商店买了很多吃的 喝的 用的东西 还给我介绍了许多新朋友

(10) 汉语有许多标点符号 我们这课学了逗号 句号和顿号的用法

二、文章格式及标点符号纠错

下面这篇题目为《我的一天》（日记）的文章格式及标点符号有问题，请修改一下，并把正确的文章重新抄写一遍。

【有错误的文章】

我的一天（日记）
今天是星期六．我早上十一点才起床．因为昨天晚上睡得太晚了．
昨天是周末、下午没有课、吃完午饭我就跟朋友一起去超市买东西。我买了面包，水果，菜，米，可乐，和啤酒。回到宿舍我和朋友开始做晚饭。我们从来没做过饭，所以用了很长时间。虽然没有妈妈做的好吃。但味道还可以．做饭很麻烦，现在知道妈妈每天很不容易。
吃完饭我们一起看电视新闻和从韩国带来的DVD。DVD真有意思，但说的是自己国家的语言．我希望以后看汉语的DVD，这样对学汉语有好处．看完DVD朋友走了。我又上网跟朋友聊天儿，聊到很晚，早上四点我才睡觉、　今天起床很晚、也没有精神。外边天气很好，是晴天、但不想出去。吃完午饭后还是没有精神，不知道做什么好？反正不想看书。但这样真的不太好。以后还是早点儿睡觉，平时按时睡觉，周末可以晚点睡觉。但不能太晚。
10月10日 星期六 晴

【修改后的文章】

三、同题作文写作

以《我的一天》为题写一篇不少于400字的作文,可以写日记,也可以写一般文章。请把作文写在活页作文纸上。

四、语言偏误纠错

1. 改正下列句子中的错字,并把句子重新抄写一遍。

(1) 我平时八点起庆。

(2) 我每天上牛有四节课。

(3) 我的宿舍离学校不远,走路十五分种。

(4) 晚上我做完做业后,就上网聊天儿或者给父母打电话。

(5) 星期一公课最多,累死了!

(6) 我往在学校里边,所以早上不太紧张。

(7) 我相早点儿下课。

(8) 我觉定今后每天都按时上课，不迟到。

(9) 我的同屋学习成级不错。

(10) 我的护照丢了，今天我去大便馆了。

2. 改病句，并把正确的句子重新抄写一遍。

(1) 我每天早上六点半起床了。

(2) 我星期一到星期五有上午课，星期二、星期四有下午课。

(3) 周末我经常跟朋友一起看DVD，一起做吃饭。

(4) 周日在家休息，看电影，还是听音乐等。

(5) 作业做好了以后，第二天学习的内容预习。

(6) 每天十二点半下课后，我见面朋友，然后一起去食堂或饭馆吃午饭。

(7) 我家离学校有点儿远，每天坐打的来上课。

(8) 下课以后，我跟朋友一起坐自行车回家。

(9) 我有时候到夜里十二点学习。

(10) 下午没课的时候，我先吃午饭以后，以后回家休息几个小时，以后去健身房锻炼身体。

3. 选几个自己作文中出现的错字、病句，把它们改正过来，并写在下面的空白处。

五、作文修改

请把老师批改过的作文第一稿在书后的稿纸上重新修改、写作一遍，形成第二稿，并把第一稿粘贴在相应的位置。

第3课

初到中国

写作题目

本课的写作题目为《初到中国》。

你可以写自己初到中国时的一些印象、经历和感受。作为一名来华留学生,由于文化的差异,你在中国一定会有许多独特的发现、见闻、经历和感受。特别是刚刚来到中国时,这种感觉更为明显。把这些见闻、经历和感受有选择地写出来,就会成为一篇很好的文章。

写作时,除了要注意前面学过的汉语写作习惯、写作格式、标点符号等问题外,还要注意文章的段落问题,要学会给文章分段。

写作知识

一、怎样给文章分段

写作时,要注意给文章分段。只有分清段落,才能让人清楚地读懂文章的内容,了解作者的写作目的。一篇文章不能只有一段,"一段到底"等于没有分段。

写作时,往往是一边写,一边给文章分段。分段的主要依据是按照自己所写的内容和所表达的意思,每一段的内容和意思相对独立,即每一段表达一方面的意思,同时全篇各段之间的内容又要相互关联,使全篇文章成为一个有机的整体。

此外，还可以从时间、空间的变化等方面来给文章分段。初学写作，可以考虑从以下几方面来分段：

1. 根据自己所写的内容给文章分段

例如，《自我介绍》一文写作时可以这样分段：第一段，介绍自己的大概情况，包括姓名、性别、年龄、国籍等；第二段，介绍自己的家庭成员的情况；第三段，介绍自己的兴趣、爱好；第四段，介绍自己学习汉语的情况；第五，介绍自己将来的打算等。

2. 按时间的变化给文章分段

例如，《我的一天》一文就可以按时间顺序来分段，早晨、上午、中午、下午、晚上这几个时间段发生的事情各分作一段，这样划分段落比较自然，又清楚明了。

3. 按空间的转换给文章分段

空间的变换，也是分段的一个参考依据。所写文章内容中地点或方位变化了，而接下来又要写这一地点发生的事情，便可另分一段。

例如，题为《周末一日游》的文章，作者周末一天去了好几个地方，就可按参观游览的顺序和地点的变化来分段。比如去了天安门、故宫和景山公园这三个地方，每个地方都有自己的新的发现和感受，这三个地方就可以分成三个段落来写。

4. 按事情的发展顺序给文章分段

在写叙述类文章时，可以按照事情本身的发展顺序来写作并分段。比如事件的起因、过程、结果，都可分段来写，过程比较复杂，还可再分几个段落。

5. 按事物的几个方面给文章分段

在写介绍说明类文章或者分析论述类文章时，可以按照事物本身的几个方面来写作并分段。比如，分别从几方面来介绍说明一种产品，分别从几方面来表明自己的观点，分别从几方面来分析某一现象，等等，都可分成相应的段落。

给文章分段还有其他多种方法，以上只是写作时给文章分段的基本方法。真正写作时，最主要的还是根据自己所表达的内容和意思，灵活使用各种分段的方法。

二、标点符号用法之二：问号、感叹号

（一）问号 ？

表示疑问语气（包括反问、设问等疑问类型）的句末停顿。

例句：

1. 这是谁的书包？
2. 你昨天去哪儿了？为什么没来上课？

3. 你是不是有点儿不舒服?

4. 明天我们有写作课吗?

5. 明天是星期六,我想去爬山,你去不去?

6. 什么是路?路就是人们从没路的地方走出来的。

7. 这不是我们每个人都应该做的吗?

8. 难道你们还不满意吗?

9. 你怎么能这么说话呢?

注意,有的句子虽然有疑问词"谁""什么""怎么"等,但全句并不是表示疑问的句子,末尾不用问号。

例句:

10. 我不知道那个老师是谁。

11. 妈妈没告诉我那是什么东西。

12. 我真不知道怎么办才好。

(二)感叹号　　!

表示感叹语气的句末停顿。

例句:

1. 这里的风景真是太美了!

2. 祝你生日快乐!

3. 小孩儿大声叫:"狼来了!"

4. 呀!怎么这么多人?

5. 呵!画得不错啊!

6. 哎哟!你踩了我的脚,疼死了!

7. 多好的天气啊!

8. 求求你,让我进去吧!

9. 小心汽车!

写作例文

下面有三篇例文，都写了自己初到中国时的感受、印象、经历和见闻等，可参考。

【例文一】

初到中国
［日本］伊藤嘉奈子

去年3月2日，我坐飞机来到北京，开始了我的留学生活。初到中国，我对什么都感到很新鲜，又觉得有些奇怪，有的还不太习惯。

来中国之前我就知道中国是世界上人口最多的国家，到中国一看，果真如此。走在北京的大街小巷，到处都是人。公交车上，地铁里，商场里，人挨人，人挤人，大街上也人来人往的，我真有点儿不适应。

有一天，我一个人上街，真的大吃一惊！路上有各种各样的车，汽车、自行车和电动自行车。可能坐汽车很容易堵车，所以骑自行车的人比较多。听说北京的地铁很方便，而且不堵车，我以后出去要经常坐地铁。

吃的方面还可以，但有些中国菜油太多。我要选择油少的菜吃，或者自己做饭吃。听说北京烤鸭很好吃，我一定要尝一尝。

初到中国时，我遇到很多新鲜奇怪的事情。一开始不适应，但现在都习惯了。我认识的中国老师、中国朋友，还有在中国的外国朋友，他们都非常善良，非常友好，非常热情。

初到北京,虽然有很多困难和不习惯的,但我一定会克服困难,慢慢适应,我一定会有一个愉快的留学生活!

【例文二】

初到中国

[韩国]片智慧

我刚来中国时,不太会说汉语,只会说"你好""谢谢",所以我很担心在中国的生活。今年2月19日,我第一次踏上中国大地,看到中国有很多建筑物,很多车,很多人,很多东西,等等,什么都"多"。

为了快点儿了解中国,我和朋友每天都出去玩儿。我们去天安门时,一眼就认出这就是天安门!因为以前经常在电视上看到,所以觉得一点儿也不陌生。我真的在中国,在北京,在天安门!很新奇的感觉!

那一天,我们坐了公共汽车。这是我们来北京以后第一次坐公共汽车。北京到处都是人。我们都说:"人真多呀!"我们在王府井下了车。听说王府井是最热闹的地方,我们到了一看,果然是这样。在步行街两旁,有各种各样的商店。人们都高兴地在步行街上走着,愉快地在商场里买东西。我们也在王府井买了很多东西,我觉得北京的东西比我们国家的便宜一些。

我们想吃中国的小吃,去了有名的胡同。我以前在我们国家吃过中国菜,觉得挺好吃的。今天在中国吃到了真正的中国菜,虽然味道跟我以前吃的有些不同,但我觉得真正的中国菜更好吃。现在我很喜欢吃中国菜,我想在毕业前尝尝各种各样的中国菜。

　　我刚来中国时,最吃惊的是中国的发展速度。来中国以前,我以为中国是一个落后的国家,但是来中国以后,我才知道我的想法是错的。我现在一点儿也不担心自己在中国的生活。我希望自己在中国有很多美好的回忆。

【例文三】

初到中国

[韩国] 安祥镇

　　我刚到中国时,什么都不懂,语言也不通,感到很不习惯。

　　俗话说:"在外靠朋友。"比我早来的一些韩国朋友告诉我许多在中国生活的事情及中国人的习惯,而且特别提醒我尽快学会汉语,不然,买东西、打的的时候容易产生误会。

　　过了几天,为了亲自体验一下中国人的生活,我一个人去市场买东西。市场及其周围车水马龙,摊位很多,非常热闹,我觉得很有意思。我转了一会儿,突然发现一个卖西瓜的小摊儿,摊儿上的西瓜又大又圆,瓜皮绿绿的。我很爱吃西瓜,看到这些西瓜就流口水,想马上买一个尝尝。

　　小摊儿上放着写有"西瓜五毛钱"的牌子。我一看非常高兴,心想:"中国的东西就是便宜,才五毛钱就能买到这么大的西瓜。"我半信半疑地问老板:"真是五毛钱吗?"他点点头肯定地说:"没错,是五毛,喜欢哪一个随便挑。"我兴奋地挑了一个又大又好的西瓜,然后给老板五毛钱。老板惊讶地看看我,又看看我手里的五毛钱,懵了。过了一会儿才对我说:"不是五毛钱,是四块钱。"我一听生气了。心想,我遇上了骗子!然后我用生硬的中国话一字一顿地对他说:"我是外国人,骗我!"老板想了一会儿,好像明白了是怎么回事。他笑了笑说:"好吧,五毛钱拿走!算我的!不过你回去后要好好学习汉语!"

  我有些莫名其妙又非常高兴地带着这个大西瓜回到宿舍,把今天的事给朋友讲了一遍。朋友们听了都笑了,他们告诉我:中国卖西瓜是按斤卖,不像韩国论个卖。我恍然大悟!

  每当我想起这件事,就觉得挺好笑,这到底是谁"骗"谁呀。不过西瓜摊儿老板的话,常常出现在我的脑海里。我就是从那天起开始加倍努力学习汉语的。

写作训练

一、标点符号练习

请给下面的句子加上合适的标点符号,并把句子重新抄写一遍。

(1) 这是谁的手机　怎么忘在教室的桌子上了

(2) 你昨天怎么没来上课　是不是生病了

(3) 祝你新年快乐

(4) 今年暑假你打算去哪儿

(5) 我走进教室一看　哇　怎么这么多人哪

(6) 周末我想去逛街　你去不去

(7) 住这么好的房间　难道你还不满意吗

(8) 我已经讲过多次了　你再想一想　这两个词有什么区别

(9) 香山的红叶真是太美了

(10) 一直到今天　我还不知道那个帮助我的老师是谁

二、文章段落练习

请给下面的短文分段，并按汉语写作格式重新抄写一遍。

【未分段的文章】

去鸟巢看比赛

［韩国］河志明

9月8日那天是很重要的一天，因为那天我第一天上课，第一次去看鸟巢。早上我先去学校。我很早就起床去学校，很紧张。但是教室里气氛很好。因为要去看比赛，我心里希望早点儿下课。因为今天是第一天上课，所以下课早一点儿。下课以后我跟朋友一起去体育场。我的朋友是奥运会服务员，所以找到几张门票给我们。但是鸟巢里人太多了。我们在门口等了半天才进去。我们看了田径比赛。我多半在家里看电视，但是今天直接在体育场看，我非常激动。比赛结束我们出来时天已经黑了。夜景特别美！我们在鸟巢的前边照照片。那边的人看起来都很开心，我们也很开心。我们停留了大约两个小时才走。那天很有意思，我永远忘不了。

【分段后的文章】

三、同题作文写作

以《初到中国》为题写一篇不少于400字的作文。请把作文写在活页作文纸上。

四、语言偏误纠错

1. 改正下列句子中的错字,并把句子重新抄写一遍。

(1) 刚来的时候,我什么都不习贯。

(2) 我决得北京的人太多了。

(3) 我在韩国上的是大学三年极,但在这里上的是一年极下学期。

(4) 在上海,到外都有很多人,很多车。

(5) 来中国留学以前我在工司工作。

(6) 我去办公司报名时,他们说什么我也听不懂。

(7) 第一次来中国时,我去过古宫、颐和园和长成。

(8) 刚来的时候,我连上街卖东西都不会。

(9) 我打算从一年级一直读到大学比业。

(10) 中国的许多地放我还没有去过,以后的四年里,我一定多走走多看看。

2. 改病句,并把正确的句子重新抄写一遍。

(1) 刚来北京时我一个星期带来的东西吃了。

(2) 从来时对中国的习惯不太了解。

(3) 第一个月，我想家得睡不了觉。

(4) 我觉得韩国比中国有点儿不一样。

(5) 我觉得中国比以前越好越漂亮。

(6) 我们很多照相了。

(7) 人们太多，路上有各种车多。

(8) 北京自行车街上骑的人很多。

(9) 现在中国发展越来越很快,所以多外国人来北京留学。

(10) 来北京以前我听了北京很多。初来时一切都陌生了。到处是都有看不懂的词和话。

3. 选几个自己作文中出现的错字、病句，把它们改正过来，并写在下面的空白处。

五、作文修改

请把老师批改过的作文第一稿在书后的稿纸上重新修改、写作一遍，形成第二稿，并把第一稿粘贴在相应的位置。

第 4 课

北京的春天

写作题目

本课的写作题目为《北京的春天》,也可以根据学习本课时的相应季节,将题目定为《北京的秋天》等。写作时,除了注意我们已经习惯了的叙述方法外,还要学会一些初步的描写方法。

写作知识

一、叙述与描写

叙述与描写是写作时经常使用的两种方法。叙述,就是直接陈述,就是把事情的经过或自己要表达的内容直接写出来。描写就是对人或事物进行具体细致的描绘。描写可分为人物描写和环境描写,比如对人物的外貌、心理、动作、语言的描写,对某一事物的样子、特征的描写,对气候、天气、景物、风俗等自然环境和社会环境的描写,等等。写作时,不能只是叙述,没有描写,要注意叙述和描写相结合,这样才能使文章更生动。

二、标点符号用法之三：书名号、括号

（一）书名号　《　》

标示行文中图书、文章、报刊、电影、歌曲、绘画等作品的名称。

例句：

1. 今天写作老师让我们写一篇作文，题目是《一件小事》。

2. 我的爱好是看电影、看电视，上个星期我看了电影《我的父亲母亲》，很感动。

3. 我们上三年级的时候可以读巴金先生的小说《家》。

4. 我们班同学的一篇作文在《学汉语》杂志上发表了。

5. 我在《中国青年报》上看到一个广告，广告里面说中国美术馆正在举办一个画展，我想去看看。

6. 我爱画画儿，也爱看有名画家的画儿。我最喜欢达·芬奇的画儿《蒙娜丽莎的微笑》。

书名号的里边还要用书名号时，外边一层用双书名号，里边一层用单书名号。

例句：

7. 我的姐姐最近写了一篇文章，题目是《读巴金小说〈家〉有感》，写了一千多字，真了不起。

需要注意的是：（1）文章中应该用书名号时，不要忘记使用书名号，否则无法确定书报、篇章的名字；（2）书名号要成对使用，不可只用一半；（3）不要用单书名号代替双书名号；（4）不要用引号代替书名号。

（二）括号　（　）

标示行文中注释、说明的内容。

括号一般为圆括号，分前后两部分，前括号、后括号成对使用。

例句：

1. 我出生在首尔（汉城）。

2. 中学时我看了一部很有意思的中国电影（电影名字我忘了），从那时起开始对中国感兴趣。

3. 我小的时候（五岁时）来过一次中国，今年九月是第二次来中国。

4. 我小的时候来过一次中国（五岁时爸爸带我来旅游的），今年九月是第二次来中国。

括号里的话如果是解释说明句子里的某个词语的，括号要紧贴在被解释说明的词语之后，如例1、例2、例3；如果是解释说明整个句子的，括号要放在句子的后面，如例4。

写作例文

下面两篇例文《北京的春天》和一篇例文《北京的秋天》，可参考，并特别注意一下例文中的叙述与描写。

【例文一】

北京的春天

［泰国］刘慧悦

对我来说，在北京过春天有一种新奇的感觉。在我的家乡——泰国只有三个季节，即热季、雨季和凉季。我在泰国的时候，最喜欢的季节是凉季，因为不热也不太冷。可我在北京时，最喜欢的季节是春天。

北京的春天是从三月份开始的。那时候气候舒适，天都是蓝色的。当你愁苦的时候，只要一看到春天的天空，你的心情就会好起来。

到了四月初，草变绿了，树长叶了，花儿也陆陆续续地开了。在马路旁边，在公园里，到处都可以看到各种各样的花儿，各种各样的颜色，真喜人！

春天时，我去北京的公园赏过好多次花儿。公园里的花儿让我入了迷，让我心情很愉快！

四月的时候，北京到处是杨花和柳絮。那时候枝叶刚刚长出来，刮风的时候，杨花、柳絮就跟着风飘起来，看起来就像下雪一样。上课时，看着柳絮，觉得很漂亮。可是我从楼里出来以后，却觉得这种东西让我呼吸不太顺畅，眼睛不太舒服。不过还好，过几天，杨花、柳絮就逐渐消失了。我在泰国没见过雪，到北京后，我不但看到了冬天的雪景，还看到了春天飞舞的"雪花"，真新奇啊！

每到春天都让我很开心。可是北京的春天实在太短了！很快，炎热的夏天就来临了。我很希望泰国也有春天，也希望全年都是春天，让我天天过得开心，也让每一个人都过得开心。

【例文二】

北京的春天

［越南］阮氏春香

离家这几年来，我第一次觉得北京的春天竟然那么美。蓝蓝的天空，灿烂的阳光，飘着的杨花……屋子里虽然有点儿凉意，可是户外却是真正的"温暖如春"。

北京的春天，暖暖的，青青的，甜甜的。小草慢慢从黄色变成了绿色，树上也长出了新的叶子。粉色的，红色的，黄色的，白色的，各种各样的花儿都开了。走在路上，你可以闻到香香的、甜甜的味道。

春天，对我来说是一个特别的季节。好像命中注定我和三月有着不解之缘。我出生在春分日，对春天的敏感和热爱像是与生俱来的。那些花花草草，那些老树新枝，一丝春风，一点儿新绿，都令我心醉。

在春天这个令人喜爱的季节里，很多人出去春游，有许多旅游团来北京观光，也有很多外国游客来北京看春天。他们的脸上带着愉快的笑容，高高兴兴地拍着照片。看他们快快乐乐的样子，我也很高兴。

春天是一个美妙的季节，不但可以欣赏美丽的春景，还可能收获甜美的爱情……

　　北京的春天是短暂的，但我享受春天的心是永恒的。我爱春天，我更爱北京的春天！

【例文三】

北京的秋天

［哈萨克斯坦］可心

　　秋天是我最爱的季节。因为我觉得秋天是最美丽、最浪漫的季节。从古至今，有很多诗人常常歌颂她。

　　说到北京的秋天，也是很美的，很有特色的。但我比较喜欢她刚刚开始的时候。那时天气很好，叶子开始变颜色，地上有许多红色、黄色、绿色的叶子，空气也很清新。而且，秋天是收获的季节，可以收获、品尝各种各样的水果。

　　要是你想享受真正的北京的秋天，你就应该早一点儿起床去北京的公园看看。公园里有各种各样的花草树木，有很多早起锻炼和欣赏秋景的人。在那儿，你能感觉到秋天的气味，也能感受到北京的一些特有的气氛。可以先逛逛公园，享受美丽的风景，然后跟北京人聊聊天儿。因为早上一般都是年龄比较大的人去公园，跟他们聊天儿可以了解到书上没有的东西，一定会有意外的收获。

　　不过，北京秋天的天气也是很难预料的。可能会突然刮大风或下大雨。但这也没关系。如果那样的话，你可以待在家里喝一杯热茶或咖啡，看看电影或者读一本有意思的书。这不也是一种很好的享受吗？

写作训练

一、标点符号练习

请给下面的句子加上合适的标点符号,并把句子重新抄写一遍。

(1) 最近我每天晚上看中国的电视剧　家有儿女　挺有意思的

(2) 今年的国庆假期　10月1号到7号　我是在杭州度过的

(3) 我们班一个同学写的作文　我的中国朋友　获奖了

(4) 男朋友对我说　今晚我们一起看电视剧　不能忘记的爱　好吗

(5) 我去过中国很多地方，其中上海这个中国最大的城市、北京是中国第二大城市，给我留下了深刻印象。

(6) 我的爱好是看电影，我最喜欢看中国的功夫片。最近我看了李连杰主演的电影《少林寺》，这是李连杰年轻的时候演的，真好看。

(7) 这个假期我哪儿也没去，整天在家里看DVD。看了《007》和《三国》这两个电视剧，还有别的，不知道中文名怎么说。

(8) 最近网上有一个讨论，题目是"该不该给乞丐钱"，我看了以后，感觉很有意思。

(9) 我昨天去美术馆了，在那里看到一幅很有意思的画儿，名字叫"土地"。

(10) 这学期我们学了很多有意思的课文，我最喜欢的是《差不多先生》这篇。

二、叙述与描写练习

请按下面的提示句进行进一步叙述和描写。

(1) 春（夏/秋/冬）天到了。

(2) 星期六的早上，我来到公园。

三、同题作文写作

以《北京的春天》或《北京的秋天》为题写一篇不少于 400 字的作文。请把作文写在活页作文纸上。

四、语言偏误纠错

1. 改正下列句子中的错字,并把句子重新抄写一遍。

(1) 春天有时下两,一下两我的心情就不好。

(2) 过一短时间,天气就会变暖和了。

(3) 春天空气中有许多花粉,我的皮服对花粉有点儿过敏。

(4) 春天气候有点儿干操。

(5) 春天各种个样的花儿都开了,真漂亮!

(6) 秋天早上有点儿令,我受不了。

(7) 中国有四个李节,我最喜欢秋李。

(8) 这里的春天气候非赏好！

(9) 秋天一到，我和几个朋友约好一起去抓北京的香山。

(10) 复天太热，冬天太冷，所以我最喜欢春天和秋天。

2. 改病句，并把正确的句子重新抄写一遍。

(1) 气温越来越暖和了。

(2) 春天比冬天没有那么干燥。

(3) 春天各种花儿打开。

(4) 刚来春天的时，天气还有点儿冷。

(5) 秋天到了，我想去香山公园散散步步。

(6) 风太大，我们不能打开眼睛。

(7) 北京是已经秋天了。

(8) 北京的春天比首尔的春天很短。

(9) 白色的毛毛好像下雪一样,看起来很美,但对眼睛和鼻子不太好处。

(10) 这样的天气很容易得到了感冒了,平时应该喝多点儿水。

3. 选几个自己作文中出现的错字、病句,把它们改正过来,并写在下面的空白处。

五、作文修改

请把老师批改过的作文第一稿在书后的稿纸上重新修改、写作一遍,形成第二稿,并把第一稿粘贴在相应的位置。

第5课

奖学金申请表

写作题目

本课的写作内容为填写《奖学金申请表》。作为在中国学习和生活的留学生,经常会遇到填写表格这样的事。本课就是通过一些例子和练习,让大家学会填写中文表格。

写作知识

一、书面语中"的""地""得"的用法

"的""地""得"是汉语中经常使用的三个结构助词,它们都起着连接作用,它们的发音都是"de"(轻声)。但在书面语中,却因为它们所连接的词语前后语法关系不同而写法不同。

一般而言,"de"在定语后面写作"的",在状语后面写作"地",在补语前写作"得",即:

定语 + 的 + 主语/宾语

状语 + 地 + 谓语

谓语 + 得 + 补语

（一）"的"

"的"是定语的标记，一般用在主语和宾语的前面。"的"前面的词语一般用来修饰、限制"的"后面的事物，说明"的"后面的事物是什么样的，其结构形式一般为"定语＋的＋主语/宾语"。主语和宾语一般由名词（或代名词）充当，定语一般由形容词、名词、代词及词组充当，因此大致可以这样记：

名　词＋的＋名词

形容词＋的＋名词

代　词＋的＋名词

词　组＋的＋名词

例句：

1. 爸爸的个子很高。
2. 我常常想起美丽的海南。
3. 这儿的风景太美了！
4. 到中国留过学的韩国人都知道他。
5. 她是个性格外向的女孩儿。

（二）"地"

"地"是状语的标记，一般用在谓语前面。"地"前面的词语一般用来形容"地"后面的动作，说明"地"后面的动作怎么样，其结构方式一般为"状语＋地＋谓语"。谓语一般由动词充当，状语一般由形容词、副词和词组充当，因此大致可以这样记：

形容词＋地＋动词

副　词＋地＋动词

词　组＋地＋动词

例句：

1. 小草慢慢地变绿了。
2. 天渐渐地变冷了。
3. 一年以后，我的汉语水平明显地提高了。

4. 她又吃惊又高兴地接受了大家送给她的礼物。

5. 妈妈一遍又一遍地说:"要注意身体,好好学习,多给家里打电话!"

(三)"得"

"得"是补语的标记,一般用在谓语后面。"得"后面的词语一般用来补充说明"得"前面的动作怎么样,其结构形式一般为"谓语+得+补语"。谓语一般由动词、形容词充当,补语一般由副词、形容词和词组充当,因此大致可以这样记:

$$动\ 词 + 得 + 形容词/动词$$
$$形容词 + 得 + 副\ 词/词组$$

例句:

1. 今天吃得好,玩儿得痛快,真有意思!
2. 箱子不重,我搬得动。
3. 弟弟跑得喘不过气来。
4. 我的房间大得很。
5. 孩子们高兴得跳了起来。
6. 她的脸白得像纸一样。

汉语语法比较复杂。在有些句子中,"的""地""得"的写法有时很难确定,需要逐渐掌握。以上只是作为初学者应当掌握的基本用法。

二、中文表格的填写

作为留学生,填写中文表格,主要应该注意的是:(1)先要读懂表格所列的项目要求,只有读懂了表格所列的项目要求,才知道应该填写什么内容;(2)要准确填写相关信息,因为表格是用来给有关部门或有关人员看的,信息的准确性十分重要,填写过程中出现一个汉字、一个数字、一个字母的差错,都会造成信息错误,从而影响表格内容的准确性;(3)在文字表达方面力求简练,因为表格所列项目一般较多,表格空间有限,表格阅读者也主要想了解相关的重要信息,所以在填写表格时应该尽量使自己的语言准确、简单、明了。

写作例文

下面有几个填表的例子,可参考。

【样表一】

课程表

节＼课程和地点＼星期	一	二	三	四	五	六	日
第一、二节 (8:30—10:20)	综合 主楼201		综合 主楼201		综合 主楼201		
第三、四节 (10:40—12:30)	阅读 主楼414	口语 主楼705	阅读 主楼414	口语 主楼705			
第五、六节 (14:00—15:50)		朗读 主楼705			汉字 主楼201		
第七、八节 (16:00—17:50)	写作 主楼109						
晚　上							

【样表二】

1005班通讯录

姓名	性别	出生日期	电话	E-mail	住址
安娜	女	1995.8.7	17112345604	ana@blcuv.com	校内11号楼308室
李顺子	女	1996.1.1	17112345678	svap@blcuv.com	富春家园11号楼2单元303
金太万	男	1997.5.6	17114345674	jtw@hotmail.com	东方家园8号楼3单元503
大卫	男	1996.12.23	17512345074	dawei@sohu.com	东方家园11号楼1单元706
汉斯	男	1995.12.31	17912345641	hansi@blcuv.com	二里小区33号楼2单元103
小林美子	女	1997.9.20	17812945670	xlmz@blcuv.com	富春家园10号楼8单元108

【样表三】

个人简历表

姓　名	王小虎	性　别	男	国　籍	中国	照片
出生年月	1987.12	身　高	175cm	体　重	80kg	
所学专业	汉语	学　历	本科	毕业时间	2009.7	

毕业学校	北京语言大学		
联系地址	北京语言大学学7楼205信箱	邮政编码	100083
联系电话	12934058819；71234905	E-mail	wxh@yaa.com
英语水平	八级	计算机水平	四级
爱好特长	体育、文艺、摄影		
熟悉的软件	Word，Excel，Photoshop		
证书	英语八级证书，计算机四级证书		
奖励情况	全国摄影大赛二等奖，北京市诗歌比赛二等奖		

学习及实践经历		
时　间	学校或单位	专业
1993.9—1999.7	北京八九一小学	
1999.9—2002.7	北京华文中学（初中）	
2002.9—2005.7	北京华文中学（高中）	
2005.9—2009.7	北京语言大学	汉语

自我介绍及自我评定	本人学习成绩优秀，工作能力较强，英语及计算机水平较高，善于与他人合作，有团队精神。希望从事与所学专业有关的工作。

【样表四】

北京语言大学
本科生毕业论文开题报告记录表

论文题目					
	试论天主教在朝鲜半岛的早期传播				
学生姓名	学　号	所在院系	专　　业	国籍（留学生）	
片智慧	0320288	汉语学院	语　言	韩　国	
开题时间	10月8日	开题地点	主楼1006	指导教师	宋长宏

问：你为什么选择这个题目，你了解天主教吗？

答：天主教是世界性宗教，也是韩国三大（中国五大）宗教之一。目前，天主教是基督教的第一大派别，全世界共有天主教徒8.8亿，约占世界人口的18.5%，在各大洲的分布大致为：拉丁美洲约有3.7亿，欧洲约有2.5亿，北美洲和非洲各有8000余万，亚洲和大洋州各有7000余万。

问：韩国天主教早期传播跟中国有关系吗？这一论题的意义何在？

答：天主教最初在中国的传播是由传教士以传播科学知识为媒介，以天主教教义与儒家的伦理观念相融合作为传教方针，以使天主教能在中国广泛传播。而韩国正是以中国为媒介了解和发展了具有自己民族特色的天主教。由于东西方文化的冲突，天主教在韩国传播过程中也遭遇了一些挫折和排挤。我作为一个天主教徒，很想了解早期天主教在韩国的传播以及传播过程中所碰到的问题，还想了解中国对韩国天主教传播的影响及其意义。而且中国天主教在韩国的传播与影响，是中韩文化交流的重要组成部分。对这个问题加以研究，对中国和韩国古代文化和历史的认识是有帮助的。所以我想利用这个机会，以这样一个题目来写我的毕业论文。

问：关于这一论题的研究资料好像不是很丰富，你怎样克服这一困难？

答：现在在中国，有关天主教方面的书很少，所以有点儿困难。而且我想通过汉语学好天主教知识，这也是另外的困难。通过查找资料，我发现研究天主教的并不多，大部分是研究佛教的，而在中国和韩国天主教比较方面，几乎没有什么研究，参考的资料就很有限。所以在论文写作过程中，我将面临的一个主要困难就是资料的搜集与整理，我可能得自己花一些时间和精力，自己动手去搜寻、整理、分析、研究韩国天主教。但我觉得这样研究的时候虽然比较辛苦，但可能会有更多收获，很值得尝试。

开题组成员	成员姓名	职称/学历	专业研究领域	所在单位	签　名
	宋长宏	副教授	中国文化	汉语学院	宋长宏
	朱　丹	博士	现代文学	汉语学院	朱　丹
	黄　乐	教授	对外汉语	外语学院	黄　乐

开题小组意见：

　　同意该同学就这一选题进行毕业论文写作。

组长签字：黄乐　　　　　　　　　　　　　　　　　　　　　　　　　　日期：10月8日

教务处制

写作训练

一、"的""地""得"写法练习

下列句子中"的""地""得"的写法存在错误,请改正,并把句子重新抄写一遍。

(1) 从现在开始我要认真的学习。

(2) 我在中国度过了一段愉快地日子。

(3) 收到他的短信,我开心的笑了。

(4) 我喜欢看中文电影,但我记不住那些电影得名字。

(5) 她唱歌唱的很好。

(6) 我希望我的汉语说地很流利。

(7) 这样的做法好的很。

(8) 大人们都生气的说:"你别骗人!"

(9) 过了几天,他们又听到那个小孩子着急得大喊:"狼来了!"

(10) 看见我在床上一动不动,爸爸关心的问我:"你怎么了?身体不舒服吗?"

二、文章段落练习

请给下面的短文分段，并按汉语写作格式重新抄写一遍。

【未分段的文章】

在酒吧"上课"

［荷兰］阿诺

我来中国已经两年了。每天学习新的东西，去看新的地方。因为我对中国的文化很感兴趣，所以一有空就去跟中国朋友聊天儿，交流各种问题。6月8日的一个晚上，我和几个外国朋友到一个酒吧去玩儿。这个地方的人大部分是中国人，只有我和我朋友是外国人。我们刚一进去，一个年龄比较大的中国姑娘就过来请我们和她一起喝酒。过了一段时间，我们就成了好朋友了。后来虽然她知道我们不太会喝酒，但是还是一直坚持请我们继续和她喝白酒。因为在中国文化中，如果一个人请你喝酒的话，是表示友好的意思，不能不喝——这是她告诉我们的。我和我朋友都觉得很有意思。最后我和我的朋友回家了。那一天，我们都喝多了，但是上了一堂"好课"。

【分段后的文章】

三、表格填写练习

填好下列表格,并把《中国政府奖学金年度评审表》在活页纸上重新制作填写好。

【表格一】

留学生基本信息表

姓名(中文)		姓名(英文)			照片
性　　别		出生年月			
国　　籍		母　　语			
就读学校		所学专业		入学时间	
住　　址					
联系电话			E-mail		
通信地址				邮政编码	
爱好特长					
主要学习和工作经历					
时　　间		学校/单位			
来中国之前学习汉语情况					
近年在中国的个人计划					

【表格二】

复旦大学外国留学生入学申请书
APPLICATION FORM FOR FOREIGNERS WISHING TO STUDY AT FUDAN

申请人认真阅读本表末页的注意事项后再填写下列诸项：
Please read the IMPORTANT NOTES at the end of the form carefully before filling in the form:

1. 申请人简况 /Personal information

   姓 /Family name_____ 名 /Given name_____

   中文名 /Chinese name_____ 国籍 /Nationality_____ 性别 /Sex_____

   出生年月 /Date of birth_____ 年 /Year_____ 月 /Month_____ 日 /Day

   出生地点 /Place of birth_____ 婚姻状况 /Marital status_____

   护照号码 /Passport No._____ 宗教信仰 /Religion_____

   现职业和工作单位 /Current employment & employer
   _____.

   联系地址 /Present address _____

   邮编 /Zip code_____ 电话 /Tel_____

   传真 /Fax_____ E-mail_____

2. 受教育情况 /Educational background

   学校 /Institutions _____

   在校时间 /Year attended (from/to) _____

   主修专业 /Fields of study _____

   所获文凭 /Diploma received _____

3. 语言能力 /Language proficiency

   汉语 /Chinese _____

   英语 /English _____

   其他 /Others _____

4. 来复旦学习计划 /Plan of study at Fudan (please tick what you plan to study)

   （1）语言生 /Language student ☐   普通进修生 /General advanced student ☐

   　　高级进修生 /Senior advanced student ☐   本科生 /Bachelor's degree ☐

   　　硕士研究生 /Master's degree ☐   博士研究生 /Doctorate ☐

   （2）专业或专题 /Subject or field of study _____

   　　申请学习时间 / Duration of specialized study

【表格二（续）】

  自 /From _____ 年 /Year _____ 月 /Month _____ 日 /Day

  至 /To _____ 年 /Year _____ 月 /Month _____ 日 /Day

 （3）此栏请博士研究生或高级进修生用汉语填写 /To be filled out in Chinese by doctoral candidate or senior advanced student only

  欲完成的论文题目 _____

  本人希望的复旦大学的指导老师 _____

  在复旦研究的详细计划（请另附纸张）_____

5. 经费来源 /Financial support

 ☐ 自费 /Self-support

  保证人或推荐单位名称及地址 /Guarantor's or company's name & address

  _____

  保证人签名或推荐单位有关负责人签名盖章 /Guarantor's signature or signature and stamp of the company's person in charge _____

 ☐ 校际交流 /School exchange program

  学校名称 /Full name of the school _____

  学校地址 /Address of the school _____

  学校有关负责人签名 /Signature of the school's person in charge _____

 ☐ 本国有关单位资助 /Funded by home-country organization

  单位名称 /Name of the organization _____

  单位有关负责人签名 /Signature of the organization's person in charge _____

6. 申请人保证 /I hereby affirm that

 （1）上述各项中所填写的内容和提供的材料真实无误；

  All information and materials given in the form are true and correct;

 （2）在华期间，遵守中国的法律和法规，不从事任何危害中国社会秩序的、与本人来华学习身份不相符合的活动；

  During my stay in China, I shall abide by the laws and decrees of China, and will not participate in any activities which are deemed to be adverse to the social order in China and are inappropriate to my capacity as a student;

 （3）在学期间，遵守学校的校纪校规，尊重学校的教学安排。

  During my study at Fudan, I shall observe the rules and regulations of the university, will concentrate on my studies and researches, and will follow the teaching programs made by the university.

申请人签名 /Signature of applicant _____ 日期 /Date _____

（无此签名，申请无效 /The application is invalid without signature）

【表格二（续）】

注意事项 /Important Notes

1. 申请人须用中文或英文印刷体填写，其他文字或缺项填写的申请表无效；

   This form is to be completed by the applicant in Chinese or English only. An incomplete application or application completed in languages other than Chinese and English will be invalid.

2. 日本、韩国申请人请用英文填写姓、名栏；用汉字填写中文名栏。

   Japanese and Korean applicants please fill the blanks "Family name" and "Given name" in English and "Chinese name" in Chinese.

预祝您申请成功！
We wish you success with your application!

【表格三】

中华人民共和国海关
进出境旅客行李物品申报单

请仔细阅读申报单背面的填表须知后填报

姓　　　名		男□　　女□
护照（出入境证件）号码		
出生日期　　　年　月　日		国籍（地区）

进境旅客填写	出境旅客填写
来自何地 进境航班/车次/船名 进境日期　　　年　月　日	前往何地 出境航班/车次/船名 出境日期　　　年　月　日
携带下列物品请在"□"内画"√"	携带下列物品请在"□"内画"√"
□ 1. 动植物及其产品、微生物、生物制品、人体组织、血液制品 □ 2. 居民旅客在境外获取总值超过人民币5000元的物品 □ 3. 非居民旅客拟留在境内总值超过2000元的物品 □ 4. 超过1500毫升的酒精饮料，或超过400支香烟，或超过100支雪茄，或超过500克烟丝 □ 5. 超过20000元人民币现金或超过折合美元5000元外币现钞 □ 6. 分离运输行李、货物、货样、广告品 □ 7. 其他需要向海关申报的物品	□ 1. 文物、濒危动植物及其制品、生物物种资源、金银等贵重金属 □ 2. 居民旅客携带需复进境的单价超过人民币5000元的照相机、摄像机、手提电脑等旅行自用物品 □ 3. 超过20000元人民币现金或超过折合美元5000元外币现钞 □ 4. 货物、货样、广告品 □ 5. 其他需要向海关申报的物品

携带有上述物品的，请详细填写如下清单

品名/币种	型号	数量	金额	海关批注

我已阅读本申报单背面所列事项，并保证所有申报属实。

旅客签名：_____

【表格三（续）】

背　面

一、重要提示：

1. 没有携带应向海关申报物品的旅客，无需填写本申报单，可选择"无申报通道"（又称"绿色通道"，标识为"●"）通关。

2. 携带有应向海关申报物品的旅客，应当填写本申报单，向海关书面申报，并选择"申报通道"（又称"红色通道"，标识为"■"）通关。海关免予监管的人员以及随同成人旅行的16周岁以下旅客可不填写申报单。

3. 请妥善保管本申报单，以便在返程时继续使用。

4. 本申报单所称"居民旅客"系指其通常定居地在中国关境内的旅客，"非居民旅客"系指其通常定居地在中国关境外的旅客。

5. 不如实申报的旅客将承担相应法律责任。

二、中华人民共和国禁止进境物品：

1. 各种武器、仿真武器、弹药及爆炸物品；

2. 伪造的货币及伪造的有价证券；

3. 对中国政治、经济、文化、道德有害的印刷品、胶卷、照片、唱片、影片、录音带、录像带、激光唱盘、激光视盘、计算机存储介质及其他物品；

4. 各种烈性毒药；

5. 鸦片、吗啡、海洛因、大麻以及其他能使人成瘾的麻醉品、精神药物；

6. 新鲜水果、茄科蔬菜、活动物(犬、猫除外)、动物产品、动植物病原体和害虫及其他有害生物、动物尸体、土壤、转基因生物材料、动植物疫情流行的国家和地区的有关动植物及其产品和其他应检物；

7. 有碍人畜健康的、来自疫区的以及其他能传播疾病的食品、药品或其他物品。

三、中华人民共和国禁止出境物品：

1. 列入禁止进境范围的所有物品；

2. 内容涉及国家秘密的手稿、印刷品、胶卷、照片、唱片、影片、录音带、录像带、激光唱盘、激光视盘、计算机存储介质及其他物品；

3. 珍贵文物及其他禁止出境的文物；

4. 濒危的和珍贵的动植物(均含标本)及其种子和繁殖材料。

【表格四】

外国人签证证件申请表

VISA / STAY PERMIT / RESIDENCE PERMIT APPLICATION FORM

（请用黑色墨水笔填写内容）
（Please complete the form in black ink）

1. 姓　　　　　　名　　　　　　中文姓名
   Family name_____ Given name_____ Name in Chinese_____

   国籍　　　　出生日期　　年　　月　　日　　出生地
   Nationality_____ Date of birth ___Y ___M ___D Place of birth_____

   性别　　男　　女　　电子邮件地址
   Sex　　M. □　F. □　E-mail _____

   在华单位　　　　　　　　　　　电话
   Company/School in China _____ Phone No. _____

   在华住址
   Address in China _____

   境外住址
   Overseas address _____

   近期两寸正面免冠彩色白底照片 3.5 cm × 5.3 cm full face recent photo with white background

2. 护照种类　　外交　　　　　公务（官员）　　　普通　　　　其他
   Passport type　Diplomatic □　Service (Official) □　Ordinary □　Other □

   护照号码　　　　　　　　有效期至　　　　　　年　　月　　日
   Passport No. _____ Valid until ___Y ___M ___D

3. 现持有效签证证件种类　签证　　停留证件　　居留证件　　　免签　　　其他
   Current visa category　Visa □　Stay permit □　Residence permit □　Visa free □　Other □

   证件号码　　　　　　　　有效期至　　　　　　年　　月　　日
   Visa No. _____ Valid until ___Y ___M ___D

4. 使用同一护照的偕行人 Dependents on the same passport

   姓　　　　　名　　　　　性别　　　　出生日期　　　　与申请人关系
   Family name　Given name　Sex　Date of birth　Relationship

   _____

5. 申请签证填写 For visa only

   F 访问　　　　　　　　　L 旅游　　　　M 贸易　　　Q2 团聚　　　　　J2 记者
   Non-commercial business □　Tourist □　Business □　Family reunion □　Journalist □

【表格四（续）】

S2 私人事务　　　　X2 学习　　　　R 人才　　　　G 过境　　　　C 乘务
Personal affair □　　Student □　　Talent □　　Transit □　　Crew □

团体签证分离　　　　　　　　　　　　　　团签
Separation from group visa □　　　　　　Group visa □

延期　　　　　　换发　　　　　　补发　　　　申请本次停留至　　年　　月　　日
Extend □　　　Renew □　　　Reissue □　　Valid until　　___Y ___M ___D

入境次数　　　　停留天数　　　　　　　　　入境有效期至　　　年　　月　　日
Entries_____　Duration of stay_____　　Entry before　　___Y ___M ___D

6. 申请停留证件填写 For stay permit only

免签　　　　　船员　　　　　退籍　　　　　　　人道主义　　　　　　其他
Visa free □　Crew □　　Renouncement □　Humanitarian □　　Others □

换发　　　　　补发　　　　　申请停留期限至　　　年　　　月　　　日
Renew □　　Reissue □　　Valid until　　　___Y ___M ___D

7. 申请居留证件填写 For residence permit only

工作　　　　　学习　　　　　记者　　　　　　团聚　　　　　　　　私人事务
Employee □　Student □　　Journalist □　　Family reunion □　　Personal affair □

延期　　　　　换发　　　　　补发　　　　　申请居留期限至　　　年　　　月　　　日
Extend □　　Renew □　　Reissue □　　　Valid until　　___Y ___M ___D

8. 申请其他证件填写 For other documents

外国人旅行证　　　　　　　　　　　　　　　　旅行目的地
Foreign citizen travel documents □　　　　Destination _____

外国人出入境证　　　　　　　　　　　　　　　申请日期至　　　年　　　月　　　日
Foreign citizen exit-entry permit □　　　Valid until　　___Y ___M ___D

勤工助学或校外实习加注　　　　　　　　　　　申请日期至　　　年　　　月　　　日
Study-work/Internship □　　　　　　　　　Valid until　　___Y ___M ___D

9. 申请变更填写 For change of the following

姓名　　　　　护照号码　　　　　事由　　　　　　　增/减偕行人数
Name □　　　Passport No. □　　Purpose of stay □　　Add/Reduce number of dependents □

其他注明
Or others _____

10. 备注 Notes _____

我保证以上填写的内容真实、准确、完整，并保证在停留居留期间遵守中华人民共和国的法律。
I hereby declare that the information given above is true, correct and complete. I shall abide by the Chinese laws and regulations during my stay in the People's Republic of China.

【表格四（续）】

申请人签字
Applicant's signature _____

代办人签字
Authorized person's signature _____

手机号码
Applicant's mobile phone No._____

手机号码
Authorized person's mobile phone No._____

申请日期　　　　年　　月　　日
Application date ___Y ___M ___D

身份证号码
ID card No._____

单位印章
Company/School's seal

在京住址
Address in Beijing_____

【表格五】

国家留学基金管理委员会
China Scholarship Council

中国政府奖学金年度评审表
Form for Annual Review of Chinese Government Scholarship Status

本页由奖学金生本人逐项认真填写 /The scholarship students shall carefully fill in the following parts

姓名（同护照用名）/Name（Same as in passport）

姓 /Family name_____ 名 /Given name_____

出生日期 /Date of Birth_____ 年 /Year____ 月 /Month____ 日 /Day   性别 /Sex_____

国籍 /Nationality_____   学生类别 /Student Category _____

在学院校 /Institution_____   学习专业 /Major _____

本人所享受的奖学金为 /The scholarship I enjoy is   全额奖学金 /Full scholarship ☐
_____   部分奖学金 /Partial scholarship ☐

期限为 /From_____ 年 /Year____ 月 /Month 至 to_____ 年 /Year_____ 月 /Month

本人在本学年内的学习及表现情况如下 /Summary of study and conduct in the past year

_____
_____
_____
_____
_____
_____

本人签字 /Signature_____

日　期 /Date____ 年 /Year____ 月 /Month____ 日 /Day

【表格五（续）】

CSC No.								派遣国别：	学生类别：

学生所在学校意见（由学校填写）

该生本学年主要课程考试成绩及所获学分情况：
_____
_____
学习态度：很好□　好□　一般□　差□　　　考勤情况：很好□　好□　一般□　差□
行为表现和奖惩情况：
_____
_____
_____
上年度奖学金评审情况：　合格　□　　　不合格　□
评审意见：　合格　□　　　　　　不合格　□
建　议：　继续提供奖学金□　　中止提供奖学金□　　取消奖学金□
负责人签字：_____　学校盖章：
日　　期：____年____月____日
备注：

国家留学基金管理委员会印制

【表格五（续）】

《外国留学生奖学金年度评审表》填写说明
Directions for Filling in the Form for Annual Review of Chinese Government Scholarship Status

1. "姓名"和"国籍"栏：应与学生本人护照一致。

"Family Name", " Given name "& " Nationality": The name and nationality of the student should be the same as in the passport.

2. "本人所享受的奖学金为_____"栏：应填写所获得的奖学金项目，如："外国留学生奖学金""长城奖学金""优秀外国留学生奖学金"等。

"The scholarship I enjoy is": The scholarship student shall fill in such items as "Foreign Student Scholarship", "The Great Wall Scholarship", "Distinguished Foreign Students Scholarship".

3. "期限为_____年_____月至_____年_____月"栏：应从来华时间开始计算至预定的学业结束时间（同《录取通知书》上注明的在华学习起止时间一致）。

"From_____ /Year_____ /Month to_____ /Year_____ /Month": The duration of study shall be counted from the first day studying in China to the time of graduation (same as in the Admission Notice).

4. "在学院校"和"学习专业"栏：应填写现所在大学的名称和目前学习的专业。

"Institution" and "Major": The student shall fill in the blanks with his/her present institution and major.

5. "本人在本学年内的学习和表现情况如下"栏：学生应对自己在一学年的学习和行为表现情况简要做一总结。

"Summary of study and conduct in the past year": The student shall give a brief review of his/her study and behavior during the past academic year.

6. 本表格请用钢笔或签字笔填写。

This form is to be completed in ink.

四、语言偏误纠错

1. 改正下列句子中的错字,并把句子重新抄写一遍。

(1) 我的国际是美国。

(2) 我教他说英语,他教我汉语口语和与字。

(3) 上中学时,有一此人选英语,有一此人选汉语。

(4) 我不后每自己的选择。

(5) 这门课难是难点儿,但是比较有竟思。

(6) 我怕自己一个人生活太寂莫。

(7) 出发前,我的父母送我到飞机厂。

(8) 学校的学弗有点儿贵。

(9) 希忘多给我们一些奖学金。

(10) 我今后一定更加怒力学习。

2. 改病句，并把正确的句子重新抄写一遍。

(1) 我学习汉语在英国一点儿。

(2) 我打算在中国毕业好的工作找。

(3) 我感兴趣了中国的电影，所以想学汉语了。

(4) 在中学每天汉语学习不能了。

(5) 汉语老师给我如果没有介绍中国，我可能不会来的。

(6) 我在电视里看的中国比来中国后看到的不一样了。

(7) 中国的发展越来越大。

(8) 我的汉语写作提高水平不多。

(9) 我还没有打算未来。

(10) 如果做贸易的话,应该两国外语的学会。

3. 选几个自己作文中出现的错字、病句，把它们改正过来，并写在下面的空白处。

五、作文修改

请把老师批改过的作文第一稿在书后的稿纸上重新修改、写作一遍，形成第二稿，并把第一稿粘贴在相应的位置。

第 6 课

狼来了

写作题目

本课的写作题目为《狼来了》。

《狼来了》是一个世界流行的童话故事。本课写作练习为听故事、写故事。在写作本题目之前，先听汉语录音故事《狼来了》，然后再根据听到的故事，用自己所掌握的汉语词汇、语法及其他语言知识，把这个故事写出来。写的时候，可以用自己的语言方式表达，不要求和原文所用的词语、句子完全相同，但要和原文的主要意思基本一致。

写作时，除了要注意前面学过的汉语写作习惯、写作格式、标点符号、文章的段落等问题外，还要注意文章叙述的人称和叙述的顺序等问题。

写作知识

一、叙述的人称

写叙述类文章时，要注意文章的叙述人称。

所谓叙述的人称，是从叙述主体的角度而言的。按照叙述主体的不同，可以分为第一人称叙述和第三人称叙述。第一称叙述是作者以"我"的口吻来进行叙述，第三人称叙述是作者站在旁观者的角度，用第三者的口吻来叙述。

作为刚刚用汉语写作的留学生，一般多采用第一人称的叙述方法，如前面写过的文章《自我介绍》《我的一天》《初到中国》等，但也要学会用第三人称来叙述。本课的听故事、写故事练习和下一课的看图画写故事，就应该用第三人称叙述。

二、叙述的顺序

写叙述类文章时，还要注意文章的叙述顺序。

文章的叙述顺序有顺叙、倒叙、插叙等。顺叙，就是按照事情发展的自然顺序叙述。倒叙，就是先交待事情的结局，然后再叙述事情的发展过程。插叙，就是在正常叙述过程中，叙述一段以前的事情，然后再接着正常叙述。

对于刚刚用汉语写作的留学生来说，最好先采用顺叙的方法，按照事情发展的自然顺序叙述。具体来说，就是按照事情发展时间的先后顺序叙述，按事件的开始、发生的原因、发展的过程、最后的结果这一顺序进行叙述。这样叙述，能使文章思路清晰，文字表达清楚明了。

三、标点符号用法之四：冒号、引号

（一）冒号 ：

表示提示性话语之后的停顿，用来提起下文。冒号的样子是两个上下并列的小圆点，位置偏下。

例句：

1. 我们家有四口人：爸爸、妈妈、弟弟和我。
2. 我周末一天去了四个地方：天安门、故宫、景山和北海。
3. 妈妈一遍又一遍地对我说："到中国后，你一定要注意身体啊！"
4. 根据资料分析，可得出以下结论：（1）……；（2）……；（3）……；（4）……。
5. 学校规定：（1）……；（2）……；（3）……；（4）……。

写信或便条时，在称呼后面要加冒号，如：

请假条

王老师：

　　您好！

　　因为今天我要去机场接父母，不能上今天的写作课。特此向您请假，请您批准。

您的学生：小林美子
11月20日

写通知、海报时，为了提示下文，引人注意，使人看得清楚明白，也常常使用冒号，如：

留学生毕业论文讲座

题　　目：怎样写毕业论文

主讲人：宋长宏

日　　期：4月15日（星期三）

时　　间：下午13:30—15:30

地　　点：北京语言大学教一楼209教室

（二）引号　" "

标示行文中直接引用的内容，或需要特别指出的成分。

引号的样子像两个蝌蚪，前引号头朝下，后引号头朝上，成对使用。

例句：

1. 他握着我的手，激动地说："谢谢你！谢谢你！"

2. 他问我："你怎么了？身体不舒服吗？"我说："我迷路了。您能帮帮我吗？"

3. 中国有一句俗语："百闻不如一见。"今天来到这里，我真正感受到了这一点。

4. 他把"请问"说成了"请吻"。

5. 虽然他是个"老外"，但他却对中国一点儿也不陌生。

表示人物对话和心理活动时，在"说""问""想""叫""喊"等表示言语行为的动词后面，直接引语要用引号引起来，这些动词后面一般加冒号。如：

说："……。"

问："……？"

例句：

6. 来中国之前，爸爸很关心又很担心地对我说："到了北京，你一定要好好学习，一定要自己照顾好自己。"

7. 小孩儿大声喊："狼来了！"

8. 大人们问："狼在哪儿？"

9. 小孩儿心里想："哈哈！这么多大人都被我骗了。真是太好玩儿了！"

需要注意的是，直接引用用冒号和引号，间接引用则用逗号，不用引号，人称也需要相应的变化。

例句：

10. 妈妈说："你是我最好的孩子。我爱你！"

11. 妈妈说，我是她最好的孩子，她爱我。

12. 他告诉我："我明天不来上课了。"

13. 他告诉我，他明天不来上课了。

引号里面还要用引号时，外面一层用双引号，里面一层用单引号。

例句：

14. 他站起来问："老师，'有条不紊'的'紊'是什么意思？"

15. 玛丽说："我认为'老外'这个称呼不太好。"

写作例文

《马头琴》和《三个和尚》的故事原文虽然比较复杂，但仔细听后仍能较好地用自己的语言写下这两个故事。下面提供故事原文和留学生听后记录下来的故事，可参考，同时注意一下文章的叙述顺序和第三人称叙述方法及标点符号的用法。

【故事原文一】

马头琴

马头琴是蒙古族乐器之一。琴的上面刻着一个精美的马头,所以被称为"马头琴"。关于马头琴的来历,有着一个美丽的传说。

很久以前,草原上有一个勤劳勇敢、诚实善良的小牧民,名字叫苏和。他过着清贫的生活,只有一匹小白马与他做伴。苏和精心地照顾小白马,教它练习走路、跑步。很快,小白马就长成了一匹高高的、跑得飞快的良马。苏和与小白马也成了形影不离的伙伴。

一年春天,草原上传来了消息,王爷要举行赛马大会,王爷的女儿要选一个最好的骑手做她的丈夫,谁要得了第一名,王爷就把女儿嫁给他。苏和也听到了这个消息,邻近的朋友都鼓动他,让他领着小白马去参加比赛。于是,苏和带着心爱的小白马出发了。

赛马开始了,许多身强力壮的小伙子扬起了马鞭,纵马狂奔。到终点的时候,苏和的小白马跑到了最前面。王爷下令:"叫骑白马的上台来!"等苏和走上看台,王爷发现跑第一名的原来是个穷牧民,他便改口不提招亲的事,反而无理地说:"我给你钱,把马给我留下,赶快回去吧!"苏和不听,王爷手下的人便动起手来。苏和被打得昏迷不醒,被扔在看台底下。王爷抢走了小白马。

王爷得了小白马,选了个好日子请当地有钱、有地位的人来做客。王爷得意洋洋,他想骑上白马,让众人看看他新得到的宝马。王爷刚一上马,还没有坐稳,就被小白马摔了下来。白马用力冲过人群飞跑而去。王爷气得大喊大叫:"快抓住它,抓不住就用箭射死它!"王爷手下的人向小白马射了许多箭。白马虽然身上受了许多伤,但还是跑回了家。

一天夜里,突然传来了小白马的叫声。苏和急忙跑出去,一看,真的是小白马跑回来了。苏和又惊又喜,借着月光仔细一看,小白马身中数箭,身上有很多伤……苏和心里很难受。小白马因箭伤过重死在了自己主人的面前。苏和抚摸着小白马忍不住泪如泉涌。

白马的死,给苏和带来了更大的悲痛。他几夜不能入睡。一天夜里,他在梦中又见到了白马,它说:"主人哟,你不要伤心了,你用我的皮、骨、鬃、尾做一把琴吧,让我永远陪在你身边。"

苏和醒来以后,就按照小白马的话,做了一把琴,在琴上按照白马的模样刻了一个马头,并起名叫"马头琴"。苏和把马头琴永远带在身边。每当他拉起琴来,就会想起心爱的小白马,琴声就会变得更加美妙动听。

从此,马头琴便成了草原上牧民的一种重要乐器。无论是快乐还是忧伤,他们都喜欢拉起马头琴。至今,在草原上还能到处听到美妙动人的马头琴声。

【例文一】

马头琴的传说

[韩国] 尹善英

马头琴是蒙古族的一个有名的乐器。关于马头琴的来历,还有一个故事呢。

很早很早以前,在草原上有一个牧民,他的名字叫苏和。他是个孤儿,没有父母,也没有钱,只有一匹小马。他跟马一起生活,彼此做伴。他越长越大了,小马也长大了。马很漂亮,跑得很快。

有一天,王爷举行一个赛马会。王爷是有钱的人。王爷说,如果谁在骑马比赛中得了第一名的话,就让自己的女儿跟他结婚。苏和带着他的马参加了比赛。苏和的马很好,跑得很快,果然得了第一名。但王爷发现苏和是穷人,又是孤儿,没有钱,所以不想把女儿嫁给他。但王爷喜欢苏和的马,因为这匹马很好,跑得很快,所以把马抢走了,还把苏和打昏了。

苏和受伤了,在家里躺着。他什么都不想,只想念自己心爱的小马。那匹马呢,虽然被王爷抢了去,但并不听王爷的话。王爷骑这匹小马时,小马把王爷摔倒了。小马跑了。王爷很生气,让人向小马射箭,小马受伤了。苏和每天都很想念自己的小马。有一天,小马回来了,但是小马全身都受伤了。不久,小马就死了。

有一天,苏和做了一个梦。梦里出现了自己的小马。小马说:"如果你想念我,就用我的身体做一个乐器——琴吧。"梦醒以后,苏和就用马的骨头做琴身,用马的尾巴做琴弦,并在琴的上方刻上了马头的样子。以后,苏和总是把马头琴带在身边。每当他想念小马时,就拉起这把马头琴。

这就是马头琴的来历。马头琴的声音特别好听,特别美妙。直到今天,在草原上还能听到马头琴的声音。

【故事原文二】

三个和尚

中国有句俗话:"一个和尚挑水吃,两个和尚抬水吃,三个和尚没水吃。"这里还有个故事呢。

从前,有一座山,山上有一座小庙,庙里有个小和尚。他每天挑水、打扫、念经、敲木鱼,夜里不让老鼠来偷吃庙里的东西,生活过得安稳自在。

不久,来了个瘦和尚。他一到庙里,就把水喝光了。小和尚叫他去挑水,瘦和尚心想一个人去挑水太吃亏了,便要小和尚和他一起去抬水,两个人只能抬一只水桶,而且水桶必须放在两个人的中间,两人才心安理得。这样总算还有水喝。

后来,又来了个胖和尚。他也想喝水,但庙里已经没水了。小和尚和瘦和尚叫他自己去挑,胖和尚挑来一担水,自己一个人马上喝光了。另外两个和尚很生气,从此谁也不挑水,三个和尚就没水喝了。大家各念各的经,各敲各的木鱼,庙里乱七八糟的,花草树木也都枯萎了。

夜里老鼠出来偷东西吃,他们三个谁也不管。结果老鼠打翻了烛台,燃起了大火。三个和尚吓坏了,这才一起奋力救火。大火被扑灭了,他们也觉醒了,明白了。从此三个和尚团结一心,一起挑水,庙里的水自然也就多了。

这个故事的寓意是,团结力量大,互相推卸责任和义务是什么事情都做不成的。

【例文二】

三个和尚

［印尼］林欣慰

很久以前，有一个小和尚住在山上的庙里。这个小和尚每天很忙，要做很多事情，比如挑水、打扫什么的。在庙里用水有点儿难，他要走很远的路，才能把水挑回来。虽然每天有点儿累，但他很满意，生活得不错。

过了一段时间，庙里来了一个新和尚。他一到庙里，就把庙里的水喝光了。小和尚叫他去挑水，他不太愿意。这个新来的和尚心想："我一个人去挑水太吃亏了，这不公平。"他要小和尚和他一起去抬水。小和尚没办法，只好同意了。两个人抬着水桶，回到庙里。庙里的水还算够用。

又过了一段时间，又来了一个和尚。庙里的水够紧张的了，很快就没有了。小和尚和第二个和尚叫最后来的和尚去挑水。那个和尚挑来了水，但很快就用完了。最后来的那个和尚心里有点儿不高兴，心里想："为什么偏偏让我去挑水呢？哼，下次我也不去了。"从此三个和尚谁也不去挑水，结果谁都没水喝。每个人只是自己做自己的事情。

有一天夜里，庙里突然发生了火灾。很危险！没有水，怎么办？还好，火不太大。三个和尚一起努力，火被扑灭了。从此，三个和尚互相帮助，一起挑水，用水的问题也解决了。

这就是中国的一个故事，叫"一个和尚挑水吃，两个和尚抬水吃，三个和尚没水吃"。

写作训练

一、标点符号练习

请给下面的句子加上合适的标点符号,并把句子重新抄写一遍。

(1) 这学期我有五门课　综合　阅读　听力　口语和写作

(2) 参加晚会的朋友来自很多国家　美国　英国　法国　日本　韩国和中国等

(3) 今天是我的生日　妈妈一大早就给我打来电话　她说　亲爱的　祝你生日快乐

(4) 老师对我说　不要担心　只要努力　你一定会学好汉语的

(5) 妈妈说 爸爸批评了我 但其实并没有真生我的气 而是更爱我了

(6) 有人说 金钱是万能的 我不完全相信

(7) 这个外国人在中国已经工作生活十多年了 已经是 中国通 了

(8) 刚来中国时 我连 你好 再见 都不会说

(9) 他高兴得跳了起来 大声地喊 我爱你

(10)中国有句俗语，叫"一个和尚挑水吃，两个和尚抬水吃，三个和尚没水吃"。这里还有个故事呢。

二、语句语段练习

请给下列句子或段落重新排序，并加上适当的标点符号，按汉语写作格式重新抄写一遍。

【排序前的句子】

　　　我从韩国来
　　　今年二十四岁
　　　去年二月到北京开始学习汉语
　　　我的名字叫白光贤

【重新排序后的句子组成的段落】

【排序前的句子】

	这	次	写	作	课	是	第	一	次	课					
	因	为	我	写	文	章	的	水	平	不	高				
	但	是	希	望	写	作	课	能	帮	助	我	提	高	汉	语	水	平
	虽	然	一	个	星	期	只	有	两	节	课				
	所	以	选	择	了	写	作	课							

【重新排序后的句子组成的段落】

三、听故事，写故事

听老师讲故事《狼来了》，并以此为题写出这个故事。要求字数约400字。请把作文写在活页作文纸上。

四、语言偏误纠错

1. 改正下列句子中的错字,并把句子重新抄写一遍。

(1) 这个小子亥子喜欢开玩笑,说假话。

(2) 他大声叫:"狠来了,狠来了!"

(3) 大人对小孩子说:"你今后不要再说慌了。"

(4) 他已经说了两次假话,大家再也不想心他了。

(5) 小孩子大感大叫:"狼来了!"

(6) 狼要死了很多羊。

(7) 小孩子哈哈大笑,说:"我马扁你们呢,这么大的人,还上小孩子的当。真是太笨了!"

(8) 小孩子跳跑了。

(9) 从这以后,他在也不说假话了。

(10) 这个古事告诉我们,做人要诚实。

2. 改病句,并把正确的句子重新抄写一遍。

(1) 长时间以前,一个小孩子住在小山村里。

(2) 他每天把羊到山上吃草。

(3) 他大喊声地说:"狼来了,狼来了!"

(4) 村里人到牧羊的地方赶快去。

(5) 一个大伙儿跑到小伙儿那儿,问:"狼在哪儿?"

(6) 村里人被小孩子又受骗了。

(7) 结果,羊都被狼死了。

(8) 从那天小孩子不敢骗别人。

(9) 你昨天说谎了我们，我们不理你。

(10) 再几天过了，小孩子再无聊，再大声喊："狼来了，狼来了！"

3. 选几个自己作文中出现的错字、病句，把它们改正过来，并写在下面的空白处。

五、作文修改

请把老师批改过的作文第一稿在书后的稿纸上重新修改、写作一遍，形成第二稿，并把第一稿粘贴在相应的位置。

第 7 课

父与子

写作题目

本课为看图写作。课文提供了几组漫画，可根据漫画所画内容以及自己的理解和想象进行写作。（本课漫画均采自德国著名漫画大师埃·奥·卜劳恩的作品《父与子》）

写作知识

一、想象与表达

用汉语写作一些非纪实性文章时，可以展开适当的想象去进行写作。所谓想象，就是在现实生活的基础上，根据自己已有的生活经验和知识，借助想象的翅膀，构思出未曾见过的甚至超越实际的生活图景。把自己想象的东西写出来，能使文章达到某种特殊效果。合理的想象，恰当的表达，对于提高汉语写作能力很有帮助。

二、标点符号用法之五：省略号、破折号、分号

（一）省略号　　……

标示行文中省略了的内容。中文省略号的形式与西文不同，是六个小圆点，书写时

占两个格。

例句：

1. 我想起了汉语老师教我的中文歌《茉莉花》，歌词是"好一朵美丽的茉莉花，好一朵美丽的茉莉花，芬芳美丽满枝丫，又香又白人人夸……"

2. 我的爱好太多了，看电影、看电视、读小说、上网……一下子说不出哪个是最大的爱好。

3. 他跑到教室，喘着气对老师说："对……对……对不起，我……来……晚了。"

省略号可以标示引文的省略，如例1；也可标示列举的省略，如例2；还可用来表示说话的断断续续，如例3。注意，省略号标示列举的省略时，一般不与"等""等等""什么的"等同时使用。

（二）破折号　——

标示行文中解释说明的语句。破折号的形式是一条直线，书写时占两个格。

例句：

1. 我想起了我的第一个汉语老师教我的第一首中文歌——《茉莉花》。

2. 9月1日，我来到了中国教留学生汉语最有名的学校——北京语言大学。

3. 9月1日，我从韩国到中国教留学生汉语最有名的学校——北京语言大学——来学习。

书面语中解释说明的语句通常用一个破折号引出，如例1和例2；如果是插在句子中间的，可以在前面和后面各用一个破折号，如例3。

此外，破折号还有其他一些用法，如：

4. "房间里好乱啊！——我们什么时候去吃饭？"女朋友刚一进门就大声对我说。

5. "呜——"火车开动了。

6. 我们在香山顶上大声喊："老——师——，看见我们了吗？"

例4表示话题的突然转变，例5、例6表示声音的延长。

（三）分号　；

表示并列分句之间的停顿。

例句：

1. 为了准备生日晚会，安娜去了两趟超市，买来了好多礼物；玛丽去蛋糕店买了两个大蛋糕，好不容易才拿回来；麦克还去花店买来了鲜花。

2.写作考试要求：（1）格式正确；（2）标点符号使用恰当；（3）段落清楚，语句通畅，字迹清晰；（4）不少于500字；（5）110分钟内交卷。

分号一般用在较长较复杂的句子中间，它表示的是几个并列分句之间的停顿。在形式上，要注意分号与冒号的区别。

写作例文

下面有三组漫画和在此基础上通过想象而写成的三篇故事例文，可参考。

最后一个苹果

【例文一】

最后一个苹果

[英国] 韩娜

有一天,一个小男孩儿跟他的爸爸一起在公园里散步。小男孩儿突然看见一棵苹果树,树上只剩下最后一个苹果。他兴奋地对爸爸说:"看,一个苹果!爸爸,快快把那个苹果从树上摘下来吧。我饿死了,太想吃了!"

树真的好高啊!怎么能把那个苹果摘下来呢?爸爸想了想,过了几分钟,他开始用力摇那棵树。虽然他很起劲地摇那棵树,但是苹果还在树上。爸爸觉得很奇怪,所以他们决定换别的办法把苹果拿下来。

他对儿子说:"你用我的手杖去打苹果,我在这边接苹果,好吗?"小男孩儿一听,立刻拿起爸爸的手杖朝苹果扔去。差一点儿就打中了,真可惜!手杖掉了下来,一下子打在了爸爸的头上。小男孩儿忍不住笑了起来。可是他一看见爸爸很疼的样子,就赶忙说:"对不起,爸爸!我们还是想想怎么打苹果吧。"

爸爸决定自己爬到树上用手杖去打苹果,不过还是太难了,他的手杖太短了,够不着。爸爸只好从树上下来,脱下他的鞋子,生气地朝苹果扔去。结果,也没有用,苹果还在树上一动不动,而他的鞋子却挂在了树上。"真可气,苹果没打下来,鞋子却挂在了树上。现在得先拿下我的鞋子,不然怎么走路回家啊!"爸爸生气地说。

爸爸又急又气,拿着手杖,跳了好几次才把自己的鞋打了下来。爸爸成功地拿到了他的鞋子,但是苹果还在树上。他对儿子说："对不起，儿子！真没办法。我们无能为力了，算了吧，我们走吧。"小男孩儿失望地点点头，只好跟爸爸回家了。

　　他们走了不远，那个苹果竟然自己从树上落下来了。不过父子俩并没有发现。真的很神奇！

管教晚矣

【例文二】

管教晚矣

［葡萄牙］苏珊娜

有一天，父亲和儿子经过一个水果店。儿子看到这里卖的香蕉很新鲜，就很想吃。爸爸就买了几个给他吃。

儿子一边走一边吃，吃得很开心。他吃完以后，发现没有垃圾桶，就问爸爸怎么办。爸爸说："你就随便扔在地上吧。"儿子一听，爸爸说的跟自己想的一样，就随便把香蕉皮扔在路上了。

一个戴着帽子和眼镜的男人在父子俩后面走着。他没注意，一脚踩在香蕉皮上，一下子就摔倒了。他疼得"哎哟"一声，帽子和眼镜也掉在了地上。

儿子听见声音，回头一看，忍不住笑了起来。爸爸看见男人摔倒了，也不去帮忙，领着儿子继续往前走。没走几步，父亲也跟那个男人一样，踩在了别人扔的香蕉皮上，重重地摔倒了。爸爸的脚飞起来了，头撞在了地上。

爸爸摔得很疼，好不容易才从地上坐了起来。他手里拿着那个让他摔倒的香蕉皮，想一想他为什么跟后面的男人一样也摔倒了。爸爸一想到自己摔倒的原因，就非常生气。然后他一把抓住儿子，一边批评儿子，一边打儿子的屁股。爸爸告诉儿子，不应该乱扔垃圾，这样不卫生，也容易让人摔倒。儿子被打得"哇哇"大叫，连忙说："爸爸，对不起！我错了，再也不乱扔垃圾了！可是让你摔倒的那个香蕉皮不是我扔的啊！"爸爸说："那个男人摔倒了，就是你乱扔垃圾造成的。"儿子说："可是，那是你让我扔的呀。"
　　其实是爸爸不好好教育儿子，所以才发生了这样的事。他一开始就不应该让儿子乱扔垃圾；或者儿子乱扔垃圾时应该批评儿子；那个男人摔倒后也应该去帮助他，不应该看笑话。自己摔倒了才想起来教育孩子，是不是有点儿晚了呢？

逃　学

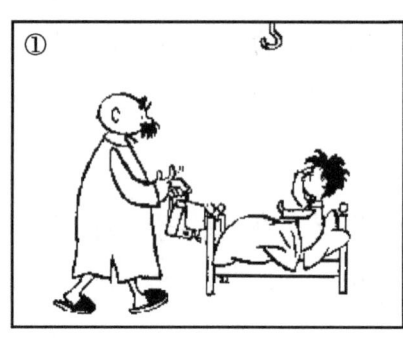

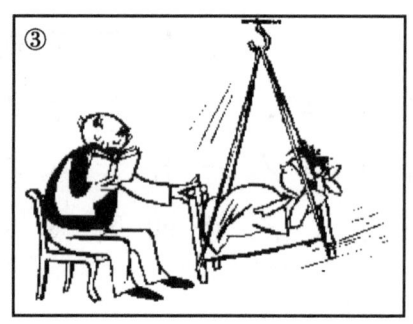

【例文三】

逃学

[蒙古国] 娜仁

记得十二年前,我还是一个小学生。有一天,我实在不想去上课。我觉得那个学校太无聊,一会儿也不让我玩儿,所以我想到了一个逃学的好办法。

早上,爸爸叫我起床,拿来书包,准备送我去上课。可我躺在床上起不来,表现出很难受的样子。我对爸爸说:"爸爸,我头疼,不舒服,很难受,但我得去上课。"爸爸听了我的话,就说:"不用了,宝贝!你今天就在家里休息,不用去上课。我给你做热巧克力,你喝完就睡觉休息。"我一听,心里很高兴,就想玩儿玩儿游戏,可他让我睡觉。因为我并不是真的病了,而是装病,怎么能睡得着呢?我对爸爸说:"爸爸,我睡不着。你给我讲讲故事,摇一摇床,我才能睡着。可你要去上班……"但是没想到,爸爸真的答应了我的条件。他用绳子把我的小床吊起来,一边摇动,一边讲故事,真舒服!我只是想让他快走,然后一个人自由自在地玩儿,所以假装睡着了。爸爸一看我睡着了,就放心地走了。

爸爸一出房间,我就高兴得不得了,一下子就起来了。自己站在床上,抓住绳子,高兴地摇来摇去,好像荡秋千一样。我玩儿得太疯了,太高兴了,就好像到了迪斯尼游乐场一样!

我正玩儿得疯狂得意的时候,突然,房间的门开了,没想到是爸爸回来了。可能是他对我不太放心,也可能是他忘了拿什么东西。他一看见我这个样子,就知道是怎么回事了。我觉得很倒霉,在爸爸面前什么也不敢说。爸爸生气地对我说:"原来你是在装病,想逃课,没门儿!快去上学!"我害怕极了,不得不穿上衣服去上学了。

从那时起,我再也没有说过假话,再也没有逃过学。现在觉得如果那时爸爸没发现我,我可能以后会逃很多课。幸亏他发现了我,所以我从那以后除了真的生病以外没缺过课,成了一个好学生。

写作训练

一、标点符号练习

请给下面的句子加上合适的标点符号,并把句子重新抄写一遍。

(1) 我们是坐火车去中国南方旅行的 路上还看见了中国有名的河流 长江

(2) 我看了后觉得奇怪 这就是北京 中国的首都吗

(3) 我从小就特别爱喝茶 一直想到茶叶的故乡 中国来看看

(4) 这七天长假做些什么好呢　去旅行吧　人太多　去好朋友那儿　她的男朋友又刚从国内过来　待在房间里吧　又太无聊　我真不知道怎么过才好

(5) 我喜欢邓丽君的歌　有一首歌名叫　月亮代表我的心　我还记得它的歌词　你问我爱你有多深　我爱你有几分　我去卡拉OK时经常唱这首歌

(6) 我来中国后很快就习惯了　吃的东西像饺子　面条　烤鸭　我都爱吃　只是好多的菜我还叫不出名字来

(7) 小时候，爸爸带我来过一次中国，那时我也不知道去的是什么地方。现在一看那时的照片才知道，爸爸带我去的地方原来是中国最大的城市——上海啊！

(8) 北京很多名胜古迹我都去过了，故宫、景山、颐和园、天坛……我一下子都说不过来了。

(9) "呜——"小孩子不知道为什么大声哭了起来。

(10) 他很激动，又很紧张，又有些不好意思地说："我……我……我爱你。"

二、叙述与描写练习

请按下面的提示句进行进一步叙述和描写。

(1) 这是我第一次在中国逛商场。

(2) 我现在还记得我跟他（她）第一次见面的情景。

三、看图画，写故事

看下图写一篇不少于400字的故事，题目为《袋鼠的友谊》。请把作文写在活页作文纸上。

袋鼠的友谊

四、语言偏误纠错

1. 改正下列句子中的错字,并把句子重新抄写一遍。

(1) 代鼠妈妈吓了一跳。

(2) 天上飞来一只很历害的鸟。

(3) 小孩子求了小袋鼠的命。

(4) 小袋鼠奇在爸爸肩上。

(5) 爸爸被吓包了。

(6) 他们在一起吃水果,一起完儿。

(7) 袋鼠妈妈说:"谢谢你救了我孩子!你今后有什么事,我可以邦助你。"

(8) 袋鼠妈妈说："你有什么要求,随变说吧。"

(9) 他们在一起玩儿得很愉快,很亲福。

(10) 从此他们成了好朋有。

2. 改病句,并把正确的句子重新抄写一遍。

(1) 很以前,在澳大利亚,人们的日子不太好过。

(2) 孩子已经很长时间出去玩儿了。

(3) 小男孩儿看看一只鹰抓住了一只小袋鼠。

(4) 这个小男孩儿救命了小袋鼠。

(5) 小袋鼠的妈妈对他感到感谢。

(6) 他们在地上坐着吃水果一点儿，开开心心地聊天儿。

(7) 小孩子从爸爸住的地方很远离。

(8) 一棵树下男孩儿的爸爸等儿子。

(9) 小孩子都告诉了爸爸这件事。

(10) 袋鼠妈妈看见了这样的情况，给孩子感谢表示。

3. 选几个自己作文中出现的错字、病句，把它们改正过来，并写在下面的空白处。

五、作文修改

请把老师批改过的作文第一稿在书后的稿纸上重新修改、写作一遍，形成第二稿，并把第一稿粘贴在相应的位置。

第 8 课

难忘的一件事

写作题目

本课的写作题目为《难忘的一件事》,或者自定题目,写一件小事。

《难忘的一件事》是写作练习时经常写到的一个题目。根据题目,可以知道,应该写一件事。一个人的生活中,不管年纪大小,总会经历过一些大大小小的事情,也有一些难忘的经历。选择自己的一件特别的、难忘的事情,把它用汉语写出来。注意,应该对所写事件有所选择,最好是选择一件特别的事情来写,比如写难忘的一件事、高兴的一件事、痛苦或倒霉的一件事、有意思的一件事、有意义的一件事等。也许你有好几件难忘的或特别的事,但因为是初学写作,根据题目要求,应该先学会写好"一"件事。

写作知识

怎样写记事类文章

在初级汉语写作中,应该学会写好记事类文章。

记事类文章,就是以记录叙述事件为主的文章。那么,应该怎样写记事类文章呢?既然这类文章以记事为主,那么最重要的就是要写好事件。一件事情,总离不开时间、地点和人物;一件事情,总有发生的原因、发展的过程和最后的结果。因此,写事件的时间、地点、人物和原因、过程、结果，这几方面是写记事类文章必不可少的。重点是写事件，事件要突出，记述要清楚，使人读后能明白到底发生了什么事情。叙述时，可用顺叙，也可用倒叙或其他叙述方法。

写作例文

下面三篇例文，题目分别是《飞来的吻》《一根白发》和《当一把明星》，都是选择自己亲身经历的一件小事来写的，可参考。

【例文一】

飞来的吻

［俄罗斯］李娜

我刚上小学二年级的时候，发生了一件让我又吃惊又难忘的事。

我们班里有一个个子比我高一些、黄黄的头发、满脸都是雀斑的男同学。有一天，老师讲课的时候，他突然慢慢地站了起来，悄悄地走到我坐的位置。他看了我一眼，然后低下了头，用最快的速度亲了我一口。虽然那时候我还是个孩子，但不知道为什么，我的反应是很生气，还狠狠地打了一下他的脸。而他呢，却高高兴兴地回到了他原来的座位上。

一开始我不知道他为什么这样做。后来我才知道，原来他跟几个朋友打了个赌。打赌的结果，当然是他赢了。所以，他虽然挨了我的打，但还是那么高兴。

这件小事让我时时想起，觉得又好玩儿又好笑，又有点后悔当时打了他。现在一想起这件事，想起那个飞来的吻，还忍不住要笑出声来。

【例文二】

一根白发

[韩国]金完珍

在韩国上中学的时候,午饭是要在学校吃的。上完第四节课后到了中午休息时间,教室里的气氛跟上课的时候完全不一样,满是笑声,没有一个打盹的,人人都特别精神。大家都很高兴地拿出自己从家里带来的午饭。一打开饭盒就能闻到很香的菜味儿,各种各样的菜很吸引我们。大家都在一起一边聊天儿一边吃饭,真愉快!

那天也一样,我跟朋友们都很高兴地开始吃午饭。这是怎么回事?一个朋友忽然哭起来了。我们很吃惊,有的吃惊得打翻了自己的饭盒。她怎么了?刚才她还很开心地跟我们谈着自己喜欢的歌星。我们一边哄她一边找她哭的原因,可是找不到。过了一会儿,她才慢慢地安静下来。她说:"我吃饭时,从饭盒里发现了一根白头发,肯定是我妈妈的。没想到妈妈已经老了,头发也变白了。但她不能休息,还要一早就起来为女儿准备饭菜。我一想起妈妈的脸,就深深地感受到了妈妈对我的爱,忍不住就哭了。"

我们被她的话深深地打动了。有时我也发现饭盒里有头发,我是怎么想的呢?我每次发现都有点儿生气,心里责怪地想:"妈妈怎么那么不注意呢?"从来没有像她那样想过。我惭愧得都想找个老鼠洞钻进去。真对不起,妈妈!

我很感谢这个同学,她发现了饭盒里妈妈的一根白发,她对妈妈的爱也启发、教育了我。这一件小事,给我很大教训。从此以后，我也时时刻刻感受到了妈妈对我的爱，也关心起妈妈来了。

【例文三】

当一把明星

［法国］哈娜

　　国庆节时我的父母从法国来北京了。因为我们一年只能见一次面，所以我们在一起的时间特别重要。他们从来没来过北京，因此我当导游，陪他们去看看北京的名胜古迹。尽管他们是来看我的，但是他们当然也想看看北京这个古老而年轻的城市。

　　我记得10月2日我们去颐和园玩儿了一天。那天天气真好。有太阳，所以比较暖和，而且没有雾，所以看得非常清楚。

　　因为是国庆节假期，所以那儿人特别多。大部分是中国人，外国人很少。当时我坐在椅子上休息了一会儿，忽然很多人站在我的旁边。他们都开始排队了。然后每个人都拿出自己的相机来，问我可不可以跟他一起照相。那个时候我感到非常意外。他们为什么要跟我照相？我装出不好意思的样子，但心里很高兴。照完相后，他们都很满意地走了。我的父母看见这种情况，都笑了起来。他们问我："你在北京很有名吗？你是明星吗？"

　　那天让我很难忘。可能是因为我跟父母在一起玩儿得很愉快，也可能是因为那些热情的中国人跟我一起照相，让我当了一把明星。不论是哪一个，我都会永远记住那天的事情。

写作训练

一、叙述与描写练习

请按下面的提示句进行进一步叙述和描写。

(1) 走在大街上，我两眼一看，简直惊呆了。

(2) 我做梦都会梦见他（她）。

二、语句语段练习

请给下列句子或段落重新排序，并加上适当的标点符号，按汉语写作格式重新抄写一遍。

【排序前的句子】

我家有四口人

如果我跟他一起生活的话，每天都会玩儿得很开心啊

他也打算来北京学习汉语，所以我很高兴

我弟弟今年二十三岁

有爸爸、妈妈、弟弟和我

可是他怕在北京生活会感到很陌生

我告诉他，外国留学的生活是自由的，自己是独立的

所以我常常给他打电话，介绍这里的情况

我觉得他会马上决定来北京

所以我心里有说不出的高兴

他好像动心了

【重新排序后的句子组成的段落】

三、记事类文章写作

写一篇关于一件小事的作文,题目可以叫《难忘的一件事》,也可以自己决定文章题目,要求不少于500字。请把作文写在活页作文纸上。

四、语言偏误纠错

1. 改正下列句子中的错字,并把句子重新抄写一遍。

(1) 为了记念我们的友谊,我拍了很多照片。

(2) 我终于跟我喜欢的人开始谈变爱了。

(3) 那时我第一次在北京坐公共气车。

(4) 这件事发生的元因我现在还不清楚。

(5) 那天天气很不好,括很大的风。

(6) 爸爸说:"你应刻好好学习,现在不努力,将来怎么办?"

(7) 我们在这个成市待了两天。

(8) 我们在香港座地铁去了很多地方。

(9) 我们一边走路一边聊天儿,很块就到了学校。

(10) 这件事让我很难望。

2. 改病句,并把正确的句子重新抄写一遍。

(1) 我来中国快一多年了。

(2) 到现在我有难忘一件事。

(3) 我的朋友把交通事故发生了。

(4) 初次刚来时候我一句话也说不出来。

(5) 已经十二点夜里，我还没有睡觉。

(6) 这件事是一件难忘的事对我。

(7) 我跟朋友一起玩儿了四个小时，我很累死了。

(8) 我回国见了朋友的面，一看就我哭了起来。

(9) 我爱好是不认识的地方去旅行，已经在中国好几个地方去过了。

(10) 以后有机会，我要去中国其他名胜古迹的地方旅行。

3. 选几个自己作文中出现的错字、病句，把它们改正过来，并写在下面的空白处。

五、作文修改

请把老师批改过的作文第一稿在书后的稿纸上重新修改、写作一遍，形成第二稿，并把第一稿粘贴在相应的位置。

第 9 课

我最爱的人

写作题目

本课的写作题目为《我最爱的人》，或者自定题目，写一个"人"。

《我最爱的人》之类的题目也是写作练习时经常写到的。根据题目，可以知道，这类文章与写一件事的文章不同，重点是要写一个"人"。

我们生活在社会中，总是在与各种各样的人打交道。这些人中，总有一些人因为他的某些个性以及与你的某种特定关系，给你留下深刻印象，值得你去写。比如父母、亲戚、朋友、同学、老师、同屋、邻居等。选择一个自己熟悉的人，或跟自己有特殊关系的人，你最亲的人，你最爱的人，你最尊敬的人，你最崇拜的人，甚至你最恨的人，把他用汉语写出来。注意，根据题目要求，应该先学会重点写好"一"个人。

写作知识

怎样写记人类文章

在初级汉语写作中，不但应该学会写好记事类的文章，而且也应该学会写好记人类的文章。

所谓记人类的文章，就是以记录、叙述、描写人物为主的文章。记人类的文章与记事类的文章有所不同，记事类文章最重要的是要写事件，而记人类文章最重要的是写"人物"，尽管写人物时往往离不开对与人物有关的事件的描写。

要写好一个人物，不但要对人物加以介绍、叙述，还可以从人物的外貌、心理、动作、语言等方面去描写人物，当然还可以通过比较典型的事件去反映人物的某些品格。具体到写作中，可以以叙述为主，综合使用各种描写方法。

写作例文

下面三篇例文，《我的好朋友》《嫂子——我最敬爱的人》和《热心的中国大婶》，都是以写人为主的文章，可以参考。

【例文一】

我的好朋友

[巴基斯坦] 穆巴沙

　　冬天来了，树叶渐渐地变黄了，冷风把树叶吹落了一地。这寒冷的天气使我心情有点儿忧伤，感到冷清，不由得想起了她。因为去年这个时候，我和她在一起。

　　记得我刚来中国的时候，经常去图书馆学习，因为那儿有很多中国学生，随时可以问问题。那天有个句子把我难住了，我怎么也不明白是什么意思。我想请中国学生帮我解释一下。于是我拿着书走到一个女孩儿面前。她很热情地解答了我的问题。她说话的时候我感到有点儿奇怪，她的发音好是好，但是仔细听起来，怎么跟别的中国人有点儿不一样呢？看到她面前的桌子上放着一本《中韩词典》，我才明白原来她是一个韩国女孩儿！她给我讲得很清楚，我完全明白了那个句子。我真佩服她的汉语水平！打那以后，不知道为什么，我总希望在图书馆能见到她，可是每次都见不着。

也许我们真的有缘！一天，我回宿舍的时候突然看见了她。我很高兴地跟她打招呼。她也认出了我，高兴地跟我说话，还说我的汉语水平提高了。一聊才知道，原来我和她住在同一个楼，同一层，离得很近。于是我们约定以后经常见面。

从那以后，我们一有时间就在一起。虽然我们的生活习惯、语言表达方式不一样，但我们很谈得来，更重要的是我们有同样的爱好。那时候，图书馆是我们常去的地方，咖啡是我们常喝的饮料，韩国料理是我们常吃的饭菜，而每个周末去郊外玩儿则是我们共同的爱好。

两个女孩儿在一起，不可能不谈到男朋友的问题。有一天聊天儿的时候，我不经意地问她写没写过情书。她说："当然写过，是在高中的时候。""那结果呢？"我好奇地问。"第二天被贴到了教室的黑板上了。"她笑着说。后来我才知道她是在开玩笑呢。她真可爱！不知道现在她心中那个"白马王子"找到了没有。

她是个很幽默的人，很喜欢开玩笑。有一天我问她："毕业后你打算做什么？"她想了一会儿，很认真地说："想做妈妈！"这句话让我捧腹大笑。真的，和她在一起，永远不会感到寂寞。

现在她已经回国了，我也快要毕业离开中国了。虽然我有好多朋友，但忘不了的还是她，总是盼望着能跟她再次见面。但我知道，朋友之间有相聚也有分离，有时候分离更能加深友情。我真想她！相信远在韩国的她也想着我。也许有那么一天，在中国，在韩国，在巴基斯坦，或者在世界的其他某个角落，我们会再次见面的。再见，我亲爱的朋友！

【例文二】

嫂子——我最敬爱的人

［韩国］郑昌昔

  我最敬爱的人是我的嫂子，她是一个朴素、勤劳的女人，她在我心目中就像妈妈一样伟大。

  我们家是一个不太大的家庭，爸爸、妈妈、哥哥和我四口人。爸爸身体不太好，一切家务活都由妈妈干。我出生较晚，哥哥年龄比我大很多。就在我八岁的时候，我家里来了一个人，刚开始我还不知那人是谁。后来我长大一点儿才知道，那个人就是我的嫂子。

  自从嫂子来我家以后，我们家的家务活，好像都由嫂子一个人承担下来了。记得那时，每天早晨当我睁开眼睛时，总看见嫂子在家里忙着洗菜做饭。每到晚上，吃完饭后，我怀着好奇心在门后偷偷地观察她，她又在忙着帮我们洗衣服，准备第二天的早饭。她总是很晚睡觉。时间长了，我跟她也熟了。

  记得那时，她帮我洗澡、换衣服，送我去上学。有空的时候，还带我去看电影。每天辅导我做功课，还常常给我讲科学家的故事，鼓励我向他们学习。所以在我很小的时候，我就已经立下了一定要上大学的志向。

  时间一年一年地过去了。我也长大了。我们家的生活条件也好了，因为我爸爸办起了商店，我哥哥去了银行工作。嫂子生了小孩儿，她的生活也就更忙碌了，对我的关心也少了一点儿。尽管这样，她还会时常问起我的学习情况，也时常给我增添衣服。高中毕业那年，我终于考进了大学。当时我的嫂子好像比我更激动，眼含泪花对我说："祝贺你——大学生。"

但是命运对我家太不公平。在我大学第二学期时，我爸爸的商店失火了，我们家里的经济变得很困难，我也没办法再念下去了，只好先去军队服兵役。在我临上车时，嫂子对我说："好好保重身体！"汽车徐徐地开走了，望着车窗外，已看不到嫂子了，但我仿佛还能看到她的眼睛，看到她的泪花。那一次，我哭了。

在服兵役期间，嫂子常常给我写信，让我在部队好好地锻炼，不要忘了学习，并常常安慰我。半年以后，嫂子办起了商店。她非常辛苦，每天只睡四五个小时。一年以后，商店在我嫂子的管理下，生意越来越兴隆。我的哥哥通过自己辛勤的工作，终于提升为银行部长。我也结束了三年的部队生活，又回到了家里，回到了学校。嫂子第一句话就对我说："去中国学习汉语吧！"

于是在嫂子的全力支持下，我来到中国，在北京第二外国语大学学习汉语。

时间过得飞快，还有三个多月我就要毕业了。但愿我学有成就，能报答我心目中最敬爱的人——我的嫂子。

【例文三】

热心的中国大婶

[日本] 宫胁一惠

对于中国,我原来除了知道它在日本的旁边以外,其他就一无所知。去年八月我一个人来中国留学。当时我只会和人打招呼,告诉别人自己的名字,但听不懂别人对我说的话,也不会表达我想要说的话,所以那时我常常感到很苦闷。

去年的一天,我独自去景山公园。回学校的时候我想先去王府井,结果迷路了。我想问别人,可是我什么都听不懂,什么都不会说,怎么着急也想不出好办法来。正在我走投无路的时候,一位大婶走过来问我,但是我听不懂她的话,于是我把地图从书包里掏出来,然后用手指指有"王府井"字样的地方。她知道我想去的地方后,非常热情而认真地告诉我怎么走。但我一句话也没听懂。看到我这样,她也一筹莫展。想了半天,她打手势让我在那儿等着,然后就走了。

过了十多分钟,她还没有回来,我越来越觉得不安。过了二十多分钟,她终于出现了。她还带来一位姑娘,那位姑娘是大婶找来的"翻译",她和那位大婶一样,也真是一位好心人。她把我送到公共汽车站,并且给我讲了上下车的方法,还陪我一起等公共汽车一直到我上车了,看不见她了,她才离开。

坐在去王府井的车上,我心里久久不能平静。在现在的社会,像这样关心帮助人的事实在是太少了。因为现代人平时被时间逼得自顾不暇,更不用说管别人的闲事了。别说是走在路上，甚至邻里之间都很少来往。"我的邻居是什么样的？"这是在日本最常听见的一句话。就是说，邻居在哪儿工作，多大年纪，叫什么名字，人们都不知道，甚至有人连邻居的样子也没见过。这种情况令我悲伤。中国现在经济发展也很快，人们的一些观念也在改变，但我希望人与人之间的真情不要改变。

　　这位热心的中国大婶和热情的中国姑娘让我很感动，我真的很感谢她们。

写作训练

一、标点符号练习

下列句子中的标点符号存在错误，请改正，并把句子重新抄写一遍。

(1) 练习做完了以后、我去商店买东西．

(2) 我的早饭是面包、酸奶，和咖啡。

(3) 我的家人对我说"你汉语说得很好、非常好！"。

(4) 分手的时候、我的朋友一直说"谢谢！谢谢！"。

(5) 回学校的时候我特别高兴因为玩儿得真开心。

(6) 小孩子大声喊:"狼来了！。

(7) 虽然才学了三个月汉语。但是我已经能跟中国人聊天儿了。所以我很高兴。

(8) 我平时七点多吃完晚饭后做作业或者休息.

(9) 我最喜欢的中文歌曲是"月亮代表我的心"。

(10) 我读了《差不多先生这篇课文、觉得太有意思了、

二、叙述与描写练习

请按下面的提示句进行进一步叙述和描写。

(1) 大家都在偷偷地为她准备生日晚会。

(2) 他（她）的性格很外向（内向）。

三、记人类文章写作

写一篇记人的作文，题目可以叫《我最爱的人》，也可以自己决定文章题目，要求不少于500字。请把作文写在活页作文纸上。

四、语言偏误纠错

1. 改正下列句子中的错字,并把句子重新抄写一遍。

(1) 我有俩个哥哥,一个姐姐。

(2) 爸爸来中国工作以后更幸苦。

(3) 我的学校在北京,我在中国没去过别外的城市。

(4) 他的姓格很好,脸上总是带着笑,全班同学都喜欢他。

(5) 我的男朋友长得很师,我很爱他!

(6) 我母次看见他,心里都会紧张。

(7) 他对同学们态度很热亲。

(8) 她不关多忙，都给我打电话。

(9) 他一般不生气，不发皮气。

(10) 我们度过了一个偷快的假期。

2. 改病句，并把正确的句子重新抄写一遍。

(1) 小时候我抱怨过妈妈，因为有的时候我挨打她。

(2) 我一直不认识自己的邻居的人。

(3) 我去她的房间玩儿了好几次，她每次欢迎我，我们谈话了很长时间。

(4) 现在他是已经大学毕业，而且公司上班。

(5) 现在也我们经常联系。

(6) 她住在我的房间的隔壁的邻居。

(7) 她黑黑头发，黑黑眼睛。

(8) 我的爸爸是个子高高，长得很帅。

(9) 我的爸爸、妈妈一起做一个公司。

(10) 妈妈对我的爱情我永远忘不了。

3. 选几个自己作文中出现的错字、病句，把它们改正过来，并写在下面的空白处。

五、作文修改

请把老师批改过的作文第一稿在书后的稿纸上重新修改、写作一遍，形成第二稿，并把第一稿粘贴在相应的位置。

第10课

一封家书

写作题目

　　本课的写作题目为《一封家书》。这里的"书"是"信"的意思,现在多保留在书面语里,如家书、通知书、申请书等。"家书"就是"家信"的意思。

　　书信是人类重要的交际工具。虽然今天人们有了固定电话、移动电话(手机)、互联网、社交网站、电子邮件等联系手段,但人们交流思想、表达感情、进行各种联系,还是离不开书信。

　　当你身在外地,想念家人,有话想跟父母和家里人说时,可以给家里写一封信,这叫"家信"。如果有话要跟朋友说,也可以给他写一封信。给你的男朋友、女朋友(恋人、对象)写的表达爱意的信叫"情书"。如果你特别崇拜某个影视明星、歌星、球星,也可以给他们写一封"追星信"。大学毕业后都要找工作,你想去某个公司工作,如果你写一封非常漂亮的"求职信",老板一定会高兴地考虑要不要你。你在商店买东西后,发觉自己上当了,可以写一封"投诉信"。你丢了东西,别人发现后给你送了回来,你就应该写一封"表扬信"或"感谢信"。你对自己所在的学校不太满意,觉得吃住条件不太好,你也可以给校长写一封"批评信"……作为学汉语的留学生,一定会跟中国人打交道,一定会跟中国学校打交道,会跟中国的各种单位、各种组织打交道,这就更离不开书信(包括电子邮件)往来。

　　书信具有这么广泛的作用,因此,一定要学会并掌握汉语书信的写法,特别是汉语书信的格式。

写作知识

一、汉语书信写作的一般格式

汉语书信的写作习惯与其他语言书信的写作习惯有许多不同。汉语书信主要包括称呼（对收信人的称呼）、问候（对收信人的问候，也可看作是正文的一部分）、正文（你所要写的主要内容）、结尾（写信结束时祝福对方或向对方表示敬意的话）、署名（写信人的名字）和日期（写信的时间）几个部分。这里以歌曲《一封家书》为例，看看汉语书信的一般结构：

亲爱的爸爸、妈妈： —— 称呼

你们好吗？ —— 问候

现在工作很忙吧，身体好吗？我现在广州工作挺好的。爸爸、妈妈不要太牵挂。虽然我很少写信，其实我很想家。

爸爸每天都上班吗？管得不严就不用去了。干了一辈子革命工作，也该歇歇了。我买了一件毛衣给妈妈，别舍不得穿上吧。以前儿子不太听话，如今懂事，他长大了。哥哥、姐姐常回来吧？替我问候他们吧。有什么活就让他们干，自己孩子有什么客气的。

爸爸、妈妈多保重身体，不要让儿子放心不下。今年春节我一定回家。好了，先写到这儿吧。 —— 正文

此致

敬礼 —— 结尾

儿：春波 —— 署名

10月18日 —— 日期

从上面这封信右侧的标注可以看出，汉语书信共包含以下几部分，即称呼、问候、正文、结尾、署名和日期。

1. 称呼

称呼，就是对收信人的称呼。在这封信中"亲爱的爸爸、妈妈"就是称呼。称呼前边可加合适的形容词，如"亲爱的""尊敬的""敬爱的"。汉语书信，很讲究称呼。根据你和收信人的关系不同，应该采用不同的称呼。对待长辈（如长者、老师、老板、领导）、平辈（如同学、朋友、恋人、爱人）、晚辈（如小孩儿）等，应该使用不同的称呼。

称呼的书写位置一定要注意，从首行顶格开始写，这样是表示尊敬的意思。称呼写完后要加冒号，表示有话要说。这些书写习惯可能跟有些国家不太一样。

2. 问候

称呼写完后，从礼貌的角度出发，应该先问候对方才是。问候是书信写作时紧接称呼后面不可缺少的一个组成部分。当然，也可以把问候当作正文的一部分来看待。

问候对方的话，可以单占一行。写作格式跟写一般文章一样。每段开始空两格写起，转行时顶格，以后每分一段，都应当这样做。如这封信中的"你们好吗？""现在工作很忙吧，身体好吗？"。

3. 正文

正文是书信的主要部分。你要问的事，要说的话，要交流的思想，要表达的感情，要传递的信息，主要都应写在这里。

正文写作格式跟写一般文章一样。每段开始空两格写起，转行时顶格。再分一段时，另起一行，空两格写起，转行时顶格。以后每分一段，都是如此。

正文一般按照以下顺序，分以下几部分进行：①先问候对方或询问对方情况，如身体、工作、学习等情况，以表示关心。如果是回信，应当说明收到对方来信的时间及对信中所了解情况的态度，并表示谢意。总之，写信应当先谈对方的事情。②谈自己的事情。注意一件一件地分段去写，要清楚明白，一目了然。千万不要"一段到底"，使读信人看后不知所云。③写自己的希望、要求或以后需要联系的事项。如例文"爸爸、妈妈多保重身体，不要让儿子放心不下。今年春节我一定回家。好了，先写到这吧"。还可以写"望多多联系""盼望着你的回信"等等。正文写作主要包括这几方面，总的原则是要讲究礼貌，"先人后己"，分段叙写，一目了然。

4. 结尾

正文写好了，就该写结尾了。结尾一般写表示祝愿或敬意的话。

以前人们写信时，多用"此致""敬礼"一类的用语。这封信的结尾也是这样写的。"此致""敬礼"是表示敬意的话，意为"在此向您致礼"。现在人们在给单位、组织或领导写信时，还常常使用这类词语结尾。

一般书信多用祝语结尾，即用祝对方好的话结尾。祝语的使用，也有一定的讲究，要注意根据不同的人物、不同的时间、不同的地点、不同的情况而使用不同的祝语。

对待长辈，可以说"祝您健康！""祝您长寿！""祝您安好！"等；对待平辈，可说"祝你快乐！""祝你愉快！""祝你健康！"等；对待晚辈，可以说"祝你快乐！""祝你进步！"等。如果是圣诞节、元旦、寒假或暑假期间，则可以写"圣诞节快乐！""新年快乐！"或"元旦快乐！""假期愉快！"等；如果收信人要去旅行，你可以祝他"旅途顺利！""旅行愉快！"等；如果收信人刚刚结婚，你可以祝他"新婚快乐！"；如果收信人不幸生病了，你可以写"祝你早日康复！"等。

祝语的位置，一般在正文写完之后，另起一行空两格写上祝福的话，如"祝你身体健康、生活愉快！"。

祝语的位置，也可以按照例文那样，在正文写完后，另起一行空两格写"祝你"，再另起一行顶格写"身体健康"等。像例文中的"此致""敬礼"那样。

5. 署名

祝语写完之后，不要忘记写上你的名字。

署名就是写上你的名字。怎样署名，还是应根据你和收信人的关系而决定。如：写给爷爷、奶奶，可称"孙（孙女）：××"；写给爸爸、妈妈，可写"儿（女儿）：××"；写给平辈可写名字；写给晚辈，可写"父""母""叔"等，不写自己的名字；写给老师，可写"学生：×××"；写给领导或单位，应署自己的全名；写给不熟悉你的单位、领导或个人，最好写上你的单位或身份，如"北京语言大学汉语系泰国学生：×××"。

署名的位置，要像例文那样，在结尾下一行的右下方。

6. 日期

名字写好了以后，还要写上日期。信的最后写日期，目的是让收信人了解这封信是什么时候写的。

日期的位置，在整个信的右下方，在署名下边，像这篇例文那样。

日期的写法，按汉语习惯，一定要按年、月、日的顺序，或不写年，只写月、日，这和许多国家的日期书写习惯可能有些不一样。

以上是汉语书信写作的一般格式。比较正式的电子邮件，也应该按照这种格式去写。

二、中文信封的写法

中国信封与许多国家的信封不一样,写法也不同。

中文信封应该有收信人的邮政编码、地址、姓名和寄信人的邮政编码、地址、姓名。

信封的上面是收信人的邮政编码、地址。左上角写收信人的邮政编码,比如信封上的"100083"。邮政编码下面写收信人的详细地址,如信封上的"北京市海淀区学院路15号北京语言大学留学生1号楼205室",注意一定要写得详细清楚。

信封的中间写收信人的姓名。收信人的名字应该写得大一些,如信封上的"安娜"二字,名字后面可以加上"先生""小姐""老师"等字样,但不要写亲属称谓,不能写"×××爸爸收""×××妈妈收"。

信封的下面是寄信人的地址、姓名和邮政编码。收信人的邮政编码和地址位置靠左上,收信人的名字居中,而寄信人的地址则写在右下方。先写寄信人的地址,如信封上的"山东省济南市山大南路27号山东大学国际文化交流学院",后面还可以写上你的名字或姓,以防退回时不易查找。再下一行写上寄信人的邮政编码,如信封上的"250100"。

信封写完了,还要贴邮票,信封上画有贴邮票的位置。普通信、航空信、挂号信以及寄到本市的、外市的、国外的邮票价格都不一样。除此之外,还有EMS、同城快递等,这些要到邮局或快递公司去办理。

邮寄贺卡、包裹写地址时跟写信封一样。中国和外国信封的写法不一样,如果不注意,很容易出错,出错后收件人就收不到了。

```
┌─────────────────────────────────────────────────┐
│ 100083                            ┌─────────┐  │
│                                   │         │  │
│  北京市海淀区学院路15号              │  贴邮票处 │  │
│  北京语言大学留学生1号楼205室         │         │  │
│                                   └─────────┘  │
│                                                 │
│              安    娜   收                      │
│                                                 │
│                                                 │
│        山东省济南市山大南路27号山东大学国际文化交流学院大卫 │
│                                        250100   │
└─────────────────────────────────────────────────┘
```

写作例文

汉语书信的一般格式及信封的写法就是上面几点。下面有三篇书信例文,可参考一下,特别要注意一下汉语书信的书写格式跟自己所在国家语言书信的书写习惯有什么不同的地方,用汉语写作时不要受母语写作影响。

【例文一】

给父母的一封信

[韩国]千高恩

亲爱的爸爸、妈妈:

你们好!

你们的身体怎么样?都好吗?

我很好。吃得好,睡得好,一切都很好。你们那儿不冷吧?最近几天这儿有点儿冷,而且今天下雨了。不过花开得越来越多,越多越好看。北京的春天很好,街上有很多树,到处都是绿色。以后你们来北京,一定跟我一起好好看看。

我现在的生活很愉快。每天很早起床,吃早饭以后上课。虽然每天有很多作业,但是我觉得作业能帮助我进步。我的同屋也是韩国人,现在她上三年级,常常帮助我,对我很好。有时候我们一起去玩儿,有时候一起去看电影、听音乐,很有意思。

爸爸,最近您的工作怎样?忙吗?累吗?还经常喝酒吗?别喝太多,对身体没有好处。本来我就不喝酒,在这儿更不喝了。最近是考试阶段,今天也考试了。我觉得我努力学习了，认真考试了，但是考试结果还不知道。明天所有的考试都考完，今天还要努力学习、复习。现在有点儿累，但是没关系。我打算考完试就马上回家，睡觉。你们不要担心我，我真的非常好，已经都习惯了。

现在我很想念爸爸、妈妈。我永远爱你们！

祝你们身体健康！

女儿：高恩

4月26日

【例文二】

给亲人的一封信

[捷克] 玛丽

特雷莎：

你好吗？

你从英国回家了，觉得怎么样？妈妈和姐姐怎样？

我现在的生活很好，学习也不错。我在这里已经很长时间了，所以我对很多事都熟悉了。上次给你打电话，我告诉你我有新房子了，我非常喜欢我的新家，又舒服又漂亮！我希望将来你有机会来这儿看我。

今天我给你写信，是想告诉你我们上次在电话里说的事，我不太同意你的看法。你在英国的时候说你很想妈妈，很想回妈妈的家，又说已经不喜欢一个人在国外生活，但是现在你回到家里又不高兴。你说她总是为难你，让你做家务，要求你把家打扫干净什么的。如果你跟她一起住，你不觉得这是应该做的吗？你还说她让你帮她准备过圣诞节，她准备请很多人，做许多菜，所以麻烦你帮助她。我真不明白，这不是一件好事吗？你看我，我已经在中国过第二个圣诞节了，我多么想回家过圣诞节，跟你们在一起呀！所以，我觉得这些都是小事，你不应该不高兴。

　　希望你明白我的意思。等你回信。

　　祝你快乐！

玛丽

11月23日

【例文三】

给朋友的一封信

[美国] 史桂英

亲爱的丹查：

　　你好！

　　我很长时间没收到你从美国给我寄来的信了，但我却不生气，因为我知道你没有时间写信。我只想对你说，我到现在还忘不了你的那双明亮的眼睛和你那有点儿忧伤的微笑。

　　最近，我的生活变化很大。我家里的亲人去世以后，我突然明白"成人"和"吃力"是什么意思，我才认识到我从前的生活是多么的幸运！

　　我从来没有想象过自己会遇到这样的情况：没有钱，没有空闲时间，为了付学费和生活费不得不做三份工作。我多么希望回到以前愉快的生活，但小女孩儿的愿望常常是实现不了的。

　　来信中，你问我寂寞不寂寞。说实话，我没有时间感到寂寞。以前我爸爸对我说："忙就是消除寂寞的最好办法。"现在我觉得这句话很有道理。

　　亲爱的丹查，你对我的友情，我不胜感激。虽然多跟别人讲讲自己的感受，对我的心情有好处，但我不喜欢跟其他人讨论。我一开始说他们的脸就都变红，不知说什么好。我不愿接受别人的怜悯。天下人只有你明白我，尽管这样的事让我们痛苦，但是它们也可以教会我们很多。因为我得靠自己，所以我更有自信。

　　不要担心我，我会越来越强，而这儿的天空越来越蓝！

　　祝你的生活跟我一样有希望！

史桂英
11月23日

写作训练

一、标点符号练习

下列句子中的标点符号存在错误，请改正，并把句子重新抄写一遍。

(1) 老师让我们写一篇作文、题目是〈难忘的一件事〉.

(2) 为了朋友的生日、我们去超市买了苹果，香蕉，可乐等等……，什么的。

(3) 我去过中国很多地方，有北京，天津、西安；哈尔滨、成都…，我最喜欢的是西安。

(4) 女朋友生气地说:'你死了吗？睡了一天'。

(5) 男朋友说:"我爱你！说完他就走了。

(6) 小孩子大声喊;"救命啊",听见这喊声的人都大吃一惊。

(7) 家里的长辈有爸爸，妈妈、爷爷，和奶奶。

(8) 最近我看了一本漫画书、书名叫"父与子".

(9) 因为春天到了。所以我每天很想睡觉。

(10) 同学们有的唱歌。有的跳舞。有的聊天儿，都很快乐.

二、书信格式纠错

下列这封书信的格式存在错误,请帮助修改,并把正确的书信重新抄写一遍。

【格式错误的书信】

　　　　永美,你好!
　　最近天气很冷,你身体怎样?我已经感冒了,你也要注意点儿。
　　今天是你的生日,可是,我没准备礼物。本来昨天我想买礼物,但是我头很疼,所以没买礼物。实在对不起!明天我打算把生日礼物寄给你,你别担心。
　　你的男朋友最近工作怎么样?他每天给你打电话吗?你想不想他?我觉得你会很想他的。下次寒假的时候你跟他见面吧。
平时,你对我说你的伤心事,我很同情你,但是我帮不上你什么,我感觉很不舒服,因为你经常帮助我,虽然我比你大一岁。我总是觉得我们是好朋友。我希望我们的友情到永远!
　　祝你生日快乐!再见!

　　　　　　　　　　　　　　　　16日11月
　　　　　　　　　　　　　　　　　娜梨

【修改后的书信】

三、书信写作练习

请写一封家书,或者给自己的同学、朋友、老师写一封信。要求字数不少于500字。请把信写在活页作文纸上,再写一个中文信封,最后把写好的信装进信封里。

四、语言偏误纠错

1. 改正下列句子中的错字,并把句子重新抄写一遍。

(1) 我把在四川拍的照片奇给你。

(2) 我的留学生话很好,请你们不要担心。

(3) 我直的很想念你们,亲爱的爸爸、妈妈!

(4) 最近有其中考试,所以我就不多写了,以后再联系吧。

(5) 这里的天气有点儿冷,你们哪里的天气怎样?

(6) 爸爸，你来中国吧。我一定好好部你玩儿玩儿。

(7) 现在中国发展越来越很快，所以汉语真的很中要。你们放心吧，我会努力学习的！

(8) 妈妈，我最近般家了，换了新的房子。

(9) 我在上海化了很多钱，真对不起你们。以后我一定不乱化钱。

(10) 我这里都廷好的，每天都上课，只有周末时才休息。

2. 改病句,并把正确的句子重新抄写一遍。

(1) 妈妈,您送给我的一封信我收到了。

(2) 下月我的大学暑假了。

(3) 我暑假回不回家,还没决定了。

(4) 天气变冷了,妈妈身体健康的注意。

(5) 我们一起去公园看花儿,一起拍照相。

(6) 我们做饭不如妈妈做。

(7) 我爸妈的亲爱，我非常想念你们。

(8) 明天还有考试，我写不下去了。

(9) 我搬家了。以前住的地方比好一点儿，但是学校离远多了。

(10) 爸爸、妈妈，那么，请你们到我回国，回家健康吧。

3. 选几个自己作文中出现的错字、病句，把它们改正过来，并写在下面的空白处。

五、作文修改

请把老师批改过的作文第一稿在书后的稿纸上重新修改、写作一遍，形成第二稿，并把第一稿粘贴在相应的位置。

备用稿纸

请把写在活页稿纸上的作文粘贴在备用稿纸的相应位置

【我的第　篇作文·第　稿】

【我的第　篇作文·第　稿】

【我的第　　篇作文·第　　稿】

【我的第　篇作文·第　稿】

【我的第　篇作文·第　稿】

【我的第　篇作文·第　稿】

【我的第　篇作文·第　稿】

【我的第　篇作文·第　稿】

【我的第　篇作文·第　稿】

【我的第　篇作文·第　稿】

【我的第　篇作文·第　稿】

我的第　篇作文·第　稿

【我的第　篇作文·第　稿】

【我的第　篇作文·第　稿】

【我的第 篇作文·第 稿】

【我的第　篇作文·第　稿】

【我的第　篇作文·第　稿】

【我的第　篇作文·第　稿】

【我的第　篇作文·第　稿】

【我的第　篇作文・第　稿】

【我的第　篇作文·第　稿】

【我的第　篇作文·第　稿】

【我的第　篇作文·第　稿】

【我的第　篇作文·第　稿】

【我的第　篇作文·第　稿】

【我的第　篇作文·第　稿】

【我的第　篇作文·第　稿】

【我的第　篇作文·第　稿】

【我的第　篇作文·第　稿】

【我的第　篇作文·第　稿】

【我的第　篇作文·第　稿】

【我的第 篇作文·第 稿】

【我的第　篇作文·第　稿】

【我的第　篇作文·第　稿】

【我的第　篇作文·第　稿】

【我的第　篇作文·第　稿】

【我的第　篇作文·第　稿】

【我的第 篇作文·第 稿】

【我的第　　篇作文·第　　稿】

【我的第　　篇作文·第　　稿】

【我的第　篇作文・第　稿】

【我的第　篇作文·第　稿】

【我的第　篇作文·第　稿】

【我的第　篇作文·第　稿】

【我的第　篇作文·第　稿】

【我的第　　篇作文·第　　稿】

【我的第 篇作文·第 稿】

【我的第　篇作文·第　稿】

【我的第　篇作文·第　稿】

【我的第　篇作文·第　稿】

【我的第　篇作文·第　稿】

【我的第　篇作文·第　稿】

【我的第　篇作文·第　稿】

【我的第 篇作文·第 稿】

【我的第　篇作文・第　稿】

【我的第　篇作文·第　稿】

【我的第　篇作文·第　稿】